Hubert Rodingen
Die Rechts- und Verwaltungsinformatik
in der Sowjetunion

Datenverarbeitung im Recht (DVR)

Archiv für die gesamte Wissenschaft der Rechtsinformatik, der Rechtskybernetik und der Datenverarbeitung in Recht und Verwaltung

---

Beiheft 11

1980

J. Schweitzer Verlag · Berlin

Die Rechts- und Verwaltungsinformatik in der Sowjetunion

Eine sozialwissenschaftliche Studie

Von

Professor FHL
Dr. jur. Dr. phil. Hubert Rodingen
Fachhochschule Münster

1980

J. Schweitzer Verlag · Berlin

CIP-Kurztitelaufnahme der Deutschen Bibliothek

Die Rechts- und Verwaltungsinformatik in der Sowjetunion: e. sozialwissenschaftl. Studie / hrsg. von Hubert Rodingen. – Berlin: Schweitzer, 1979.
(Datenverarbeitung im Recht: Beih.: 11)
ISBN 3-8059-0513-0
NE: Rodingen, Hubert [Hrsg.]

Druck: Color-Druck, Berlin. – Bindearbeiten: Mikolai, Berlin. – Printed in Germany.

Vorwort

Die vorliegende Studie verknüpft die fachlichen Aspekte einer besonderen Informatik mit mehr allgemeinen Gesichtspunkten sprachlicher, politischer und kulturphilosophischer Art. Am Beispiel der Sowjetunion wird aufgezeigt, daß eine jede Informatik in das jeweilige soziokulturelle Umfeld eingebettet ist und nur aus diesem Gesamt verstanden werden kann. Die vorliegende Studie wendet sich daher nicht nur an Fachleute für EDV und Hersteller elektronischer Geräte. Sondern sie wendet sich an alle, die sich um die gedanklichen Voraussetzungen und sozialen Folgen des Großeinsatzes von EDV in Wirtschaft, Staat und Gesellschaft kümmern.

Ich verdanke diese Studie der **Deutschen Forschungsgemeinschaft** und der **Akademie der Wissenschaften der UdSSR**, die mir zu einem dreimonatigen Forschungsaufenthalt in Moskau verhalfen. Der **Fachhochschule Münster**, insbesondere Frau Hebing, die hier für mich die Einheit von Theorie und Praxis vertritt, verdanke ich, daß meine auf Band gesprochenen Bemerkungen mittels **Composer** gesetzt und so auf Magnetkarten abgespeichert wurden, daß ich spätere Änderungen nach Belieben vornehmen konnte. Dem **J. Schweitzer Verlag** gebührt Dank für sein beherztes Aufgreifen meiner Thematik.

Das im Text erwähnte Schrifttum ist im Literaturverzeichnis vollständig aufgeführt; die russischen Quellen in der bibliographischen Transkription mit deutscher Übersetzung. Von einem Sachwörterverzeichnis habe ich abgesehen. Das hängt mit den nach meiner Ansicht ungelösten Schwierigkeiten zusammen, für Texte wie dem vorliegenden eine angemessene Suchsprache zu konstruieren; siehe dazu unten §§ 22 – 24, 115 – 120. Dafür habe ich das Inhaltsverzeichnis ausführlich gehalten. Hier wird der Leser die wichtigsten Hinweiswörter einschließlich des sie abändernden Kontextes finden.

Mainz/Münster, im Juli 1979 Hubert Rodingen

Inhalt

I.

Verfahren und Annahmen

Technische und soziale Grundfragen

§ 1

Wir alle spüren heute, wie sich der Einsatz von Anlagen der Datenverarbeitung auswirkt. Die Automatisierung bescherte uns im Westen eine hohe Arbeitsergiebigkeit und ihr zufolge Massenarbeitslosigkeit. Sie bescherte uns ferner ein immer engermaschig werdendes Netz der polizeilichen Überwachung. In den Ländern Osteuropas, vor allem in der Sowjetunion, wirkt sich, bedingt durch das politische Gefüge und den technischen Stand, die Automatisierung sozialer Vorgänge etwas anders aus als im Westen. Überall aber sind diese Auswirkungen von beträchtlichem Gewicht. Das dürfte in Ost und West unstreitig sein.

§ 2

Bei dieser Sachlage verwundert es, daß überall die technische Seite der Informatik oder der Kybernetik besser erforscht ist als die soziale. Und das verwundert um so mehr, als der Versuch, die technischen Fragen zu lösen, immer wieder auf ungelöste politische und soziale Grundfragen stößt, und nicht etwa auf technische. Ich erinnere hier nur an die Schwierigkeit, die daraus erwächst, daß Dateneingeber und -benutzer oft nicht die Nämlichen sind, was zur Folge hat, daß der Benutzer oft nicht weiß, an welcher Stelle der Eingeber das gesuchte Datum gespeichert hat. Diese Verständigungslücke zwischen Eingeber und Benutzer wird meist technisch verstanden (informationstheoretisch). Dabei indessen wird eine Lehre von Verständigung vorausgesetzt, die naturwissenschaftlichem Denken entstammt und mit der die Lücke nicht geschlossen worden ist. Sozialwissenschaftliche Auffassungen, die hier weiterführen, werden dabei in der Regel übergangen.

§ 3

In der Regel hält man die ungelösten sozialen Grundfragen vor allem der automatischen Textverarbeitung für nicht wichtig. Und man verweist, wie man meint, pragmatisch, auf das Vorrücken der Automation auch im Bereich der Textverarbeitung. Das Argument hier ist: Wenn die Automation gerade im Bereich der Textverarbeitung beschleunigt voranschreitet, dann kann sie doch nicht auf ernstzunehmende Schwierigkeiten treffen. Wer so argumentiert, übersieht indessen, daß mit dem Vorrücken der Automation zuweilen soziale Lösungen automatisch getroffen werden, die oft gar nicht erwünscht waren. Oft wird die Frage gar nicht gestellt, ob die voranschreitende Automatisierung sich nur dem Vorgriff auf soziale Veränderungen verdankt. Und oft setzen Informatiker als ausgehandelt voraus, was erst einmal auszuhandeln wäre. Die vermeintlich technisch ungelösten Probleme werden umgangen, indem Stück für Stück das Feld des freien Aushandelns eingeengt wird. Das Scheinargument, auf das man sich hier immer wieder beruft, ist der Sachzwang.

Automation und Sachzwang

§ 4

Das Argument des Sachzwangs verschlägt heute nicht mehr. Die Berufung auf Sachzwang ist eben so dürftig wie bequem. Geht man den Sachzwang bis zu Ende durch, so gelangt man meist an einen Verantwortlichen, und man meint, wenn man den durch einen Verantwortlicheren auswechselte, habe man sich die vorherige Handlungsfreiheit gesichert. Die Auswechslung von Verantwortlichen, etwa von Ministern oder Planungschefs, gehört zum politischen Spiel. Indessen ist es dieses Spiel, das zur Automation führte, und es wird hier eine Folgerichtigkeit vorausgesetzt, nach der man sich kaum richtet, die man aber stets vorschützt: die Schlußförmigkeit. Daß es auf der Welt schlußförmig zuginge, ist zwar das übliche Verständnis von Verständigung, nie und nimmer aber die übliche Verständigung. Wer dies nicht versteht, der wird auch dem Sachzwang nichts entgegen zu setzen haben. Und wie man dies verstehen kann, das möchte ich am Beispiel der sowjetischen Rechts- und Verwaltungsinformatik aufzeigen.

§ 5

Das schlußförmige Denken geht mit langen Ableitungsketten (sorites) um. Schlußförmigkeit wurde in der Theologie und der Jurisprudenz entwickelt. Sie griff auf die Physik über und von dort wieder zurück auf die Sozialwissenschaften. Sozialwissenschaft heute ist überwiegend der Schlußförmigkeit verfallen. Dies hat eine Gegenbewegung auf den Plan gerufen, die sich heute immer stärker ausbreitet. Hier sucht man sich dem Denk- und Redezwang der Schlußförmigkeit zu entziehen, indem man fragt, wie sie entstanden ist, in welches Umfeld sie paßt, was sie voraussetzt und wohin sie führt. Diese Betrachtungsweise leugnet nicht ihre Eingebundenheit in das soziale Gesamt. Diese Eingebundenheit ist sogar noch größer als die des landläufigen schluß- und satzförmigen Denkens, das immer die Gespaltenheit in Subjekt und Objekt voraussetzt und das sich dank dieses Kunstgriffes von seinen Objekten zu distanzieren vermag. Andererseits wird in einer Denkweise, die die Förmlichkeit selbst in Frage stellt, sofort deutlich, daß Schluß- und Satzförmigkeit eine extreme Ausprägung einer extremen Redeweise sind: der Verständigung in vollständigen, voneinander ableitbaren Sätzen, der Syntaxdressur (K. Wünsche).

§ 6

Ich meine, ich schulde dem Leser, der ja wie ich auch in der alten, einseitigen Denkweise erzogen und eingeübt ist, den Aufweis dessen, was denn nun mit der anderen nicht förmlichen Denkweise gemeint sei. Andeutungsweise verweise ich zunächst den philosophisch Belesenen auf die Tropenlehre der Rhetoren und Sophisten, die zweieinhalb Jahrtausende vor der sogenannten Grundlagenkrise der Mathematik am Anfang unseres Jahrhunderts die Faulheit auch formal richtiger Schlüsse aufgewiesen haben, oder auf den Menondialog des Plato, oder auf Vico und Nietzsche. Den Soziologen möchte ich auf Norbert Elias und Karl Mannheim verweisen, den Juristen auf Theodor Viehweg, den Wissenschaftstheoretiker auf die derzeit sich vollziehende Wende zur Pragmatik, auf die Neubekräftigung der praktischen Philosophie. Aber ich befürchte, all diese Hinweise gelten nur dem etwas, der ohnehin weiß, worum es geht. Wer für das, was ich hier meine, ein Beispiel sucht, den bitte ich, hier zunächst die §§ 20 bis 22 zu lesen.

Tun und Machen, Praxis und Poiesis

§ 7

Das Umdenken, das hier dem Leser zugemutet wird, fällt schwer, und zwar, wie ich meine, dem deutschen Leser schwerer als dem russischen. Denn obgleich in Deutschland immer wieder dazu angesetzt wurde, das praktische Denken zu erneuern, erlebten wir immer wieder Rückschläge. Den Juristen dürfte geläufig sein, wie etwa Theodor Viehwegs Topik mißverstanden wurde. Das Mißverständnis des antiken praktischen Denkens herrscht unter politisch linken wie politisch rechten Juristen vor. Das praktische Denken ist auch der sozialwissenschaftlichen Richtung fremd, die im Nachkriegsdeutschland die kräftigsten Impulse zu einer Veränderung gegeben hat: der Frankfurter Schule. Man kommt hier über einen Normativismus Kant'scher Webart oder einen romantischen Subjektivismus nicht hinaus; ich verweise hier nur auf Habermas und Marcuse und auf die an ihnen in der Sowjetunion geübte Kritik.

§ 8

Auch die Soziologie bietet das bedrückende Bild einer eingefleischten Dogmatik voller Vorurteile. Wie der Jurist im Straf-, Zivil- und öffentlichen Recht von Schuld, Eigentum und öffentlicher Ordnung ausgeht, so geht der Soziologe von obersten Begriffen aus wie System, Institution und Rolle, aus denen dann munter darauflos gefolgert wird. Also auch hier ein geschichtsloses Denken, das aus zeitunabhängigen Grundannahmen schließt. Man denke hier nur an Talcott Parsons und seine Schule, vor deren Ärmlichkeit und Einseitigkeit Norbert Elias eindringlich, aber scheinbar vergeblich gewarnt hat. Es reicht offenbar nicht, die Angst und das Unglück aufzuweisen, die mit der überkommenen satz- und schlußförmigen Rede und Denkweise einhergehen, z.B. die Abstempelung und Ausstoßung etwa durch strafrechtliche und psychiatrische Begriffsbildung und Anstaltsverwahrung. Es muß wohl mehr dazukommen, und wir können erleichtert feststellen: Es ist mehr dazugekommen.

§ 9

Wir können feststellen, daß heute, nicht zuletzt bedingt durch die Automation, etwas dazugekommen ist, was uns zum Umdenken zwingt: zur Rückkehr auf eine Denk- und Verständigungsweise, die in unserer Überlieferung angelegt, aber sozial nie entfaltet wurde. Heute ist der Zwang allgegenwärtig, vom punkt- und strichförmigen Denken abzugehen, das, etwa in der Wirtschaft, nur vom Rohstoff bis zum Abfall langt. Denn die Rohstoffe werden knapp, und der Abfall müllt uns ein. Rohstoffgewinnung und Abfallbeseitigung müssen in andere Zusammenhänge eingebracht werden als schlußförmige. Schlußförmige Zusammenhänge heißen in der Sprache der Philosophie Erklärungszusammenhänge. Die anderen Zusammenhänge, die hier angesprochen sind, nennt man in der überlieferten Redeweise Entstehungszusammenhänge. Die wissenschaftliche Zivilisation nun bietet das verwirrende Bild, daß aus Erklärungen Neues entsteht. Es ist der Bereich, den Hegel „den objektiven Geist" nannte. Ein Kind dieses Geistes ist die Informatik. Diese ist von Menschen geschaffen. Aber wie sollen Menschen damit umgehen?

Technik und Verständigung

§ 10

Das schlußförmige Denken ist in den Großgebilden des Staates, der Wirtschaft und Gesellschaft Fleisch geworden. Was zunächst ableitungsfähige Grundannahmen (Prämissen) waren, das wurde in der Verwaltung der Neuzeit zu Zuständigkeiten (Kompetenzen) ausgekleidet, und an die Stelle gedanklicher Ableitungen traten behördliche wie betriebliche Weisungsstränge. Aus Zuständigkeiten wurde jetzt Verwaltungshandeln abgeleitet wie früher aus Prämissen Folgerungen. Handeln wurde, da aufs Machen reduziert, Machenschaft. Was im alltäglichen Tun der Wechsel der Gesichtspunkte war, das wurde im wissenschaftlichen Machen zum Hin- und Herschieben zwischen Stellen unterschiedlicher Kompetenz. Doch während der Wechsel der Gesichtspunkte in der Zuständigkeit derer bleibt, die die Gesichtspunkte wechseln, ist die Zuständigkeit für die Bestimmung der Zuständigkeit (die Kompetenz-Kompetenz) den Betroffenen entzogen. Sie sehen sich an ein Knäuel von Zuständigkeiten ausgeliefert, das nicht nur ihnen selber als Wirrnis erscheint, sondern auch den Zuständigen selber. Hier Klarheit zu schaffen, war eines der Anliegen der Informatik-Kybernetik in Ost und West. Zwar brachte die Informatik ein neues Problem hervor: das Problem des Datenschutzes. Dennoch kann die rechtliche Regelung des Datenschutzes in der Bundesrepublik Deutschland als Beispiel dafür herangezogen werden, wie überhaupt mit der Informatik-Kybernetik verfahren werden sollte.

§ 11

Der Datenschutz ist in alter, anweisender Art und Weise geregelt. Das Datenschutzgesetz enthält eine Generalklausel und Verfahrensvorschriften. Es ist so, als ob unser Strafgesetzbuch nur eine allgemeine Vorschrift etwa des Inhalts enthielte: Bestraft wird, wer die Gesellschaft kränkt und schädigt, und als ob der Rest der Vorschriften nur verfahrensrechtlicher Art wäre. Genauso verbietet das Datenschutzgesetz den Datenmißbrauch und sagt, wie er festgestellt und geahndet wird. Was Datenmißbrauch ist, wird dem Aushandeln überlassen. Der Begriff Datenmißbrauch ist also ein Topos, eine Anweisung zum Aushandeln. Genau dies waren früher auch Tugenden und Laster. Sie wurden einfach in Tugend- und Lasterverzeichnisse eingetragen und erst später, in der Neuzeit, in ein Ableitungsgefüge gebracht. Während man heute durch Folgerung erschließt, was zu einer Tugend oder zu einem Laster gehört, erzählte man früher einfach dazu Geschichten. So ähnlich erzählen heute unsere Gerichte Geschichten dazu, was alles Datenmißbrauch ist. Es ist also hier eine narrative Ethik am Werk, nicht eine normative. Die normative Ethik steht im Erklärungs- oder Rechtfertigungszusammenhang, die narrative Ethik steht im Entdeckungs- oder Entstehungszusammenhang. Dies besagt: Wir gehen mit Daten, die nur im Erklärungszusammenhang Sinn haben, anders um, als wir sie entstehen ließen.

§ 12

Im Umgang mit der Automation benehmen wir uns nicht so, wie wir uns benommen haben, als wir sie schufen. Beides, die Schaffung dieser Welt der Automaten und der Umgang mit ihr, hat seine Rationalität, nur halt eine unterschiedliche. Wir müssen hier einen Bruch feststellen, der aber regelmäßig abgeleugnet wird. Denn die im Schaffen stehen, möchten es einfach in den Umgang verlängern. Das ist so gewaltsam wie aussichtslos. Dennoch stoßen wir auf Schritt und Tritt auf diese gewaltsamen Versuche, und wir müssen uns hier vergegenwärtigen, daß die Verbissenheit in Satz-und Schlußförmigkeit zugleich mit einem Schrecken vorm Leeren verbunden sind, mit dem horror vacui. Denn die förmlich Vergatterten meinen, wo nicht Förmlichkeit, da Wirrnis. Indessen stehen wir immer in einem Geflecht kurzer, wechselseitiger Anweisungen, in das wir das Gefüge langer Ableitungen einbauen. Und nicht etwa umgekehrt. Dennoch ist die umgekehrte, die kopflastige Deutung üblich, und die übliche Verkehrsweise wird förmlich verhimmelt, idealisiert und intellektualisiert.

Französisch-englische und deutsch-russische Spracheigenheiten

§ 13

Die förmliche Deutung sozialer Verständigung herrscht seit Descartes und Hobbes in England und Frankreich vor. Das mag mit dem starren Satzbau der englischen und der französischen Sprache zusammenhängen. Mangels Flexionsreichtums können diese Sprachen die Richtung (Rektion) der Verben nur durch die Stellung im Satz ausdrücken (A. Azzalino). Anders die russische und die deutsche Sprache. Diese gegenüber den westeuropäischen Sprachen altertümlicheren sind auch die ursprünglicheren Sprachen. Das Deutsche und Russische sagen über die Geschichte auch des Englischen und Französischen mehr aus als diese über sich selber. Mehr noch: Die russischen und deutschen Sprachforscher und Philosophen einerseits, die französischen und englischen andererseits, die sich im Verständnis von Verständigung und Information deutlich unterscheiden, verweisen damit sogleich auf das unterschiedliche sprachliche Medium, in dem sie ihre Ansichten abhandeln. Sicherlich trifft man auch in Rußland und Deutschland auf eine förmliche Sprachbehandlung etwa durch generative Grammatik oder Strukturalismus. Aber förmliche Richtungen dieser Art sind in Deutschland und Rußland kaum so stark und unangefochten wie in Frankreich und im angelsächsischen Sprachraum.

§ 14

Die Vorliebe für das Förmliche im Westen ist etwas, was von sowjetischer Seite immer wieder bemerkt und bemängelt wird. Wir sollten versuchen, diesen Standpunkt vor allem dann zu verstehen, wenn es um Forschungstheorien geht, mit denen untersucht werden soll, was in der Sowjetunion geschieht. Hier weist die westliche Ostforschung, wie sie sich nach dem Krieg entwickelt hat, erhebliche Defizite auf. So haben sich z.B. viele bundesdeutsche Ostrechtsforscher eine eigene Begrifflichkeit erbaut, mit der sie in dogmatischer Weise das Sowjetrecht zu fassen suchten. Das kann nicht viel einbringen, und das brachte nicht viel ein, zumal dann, wenn die entsprechenden Forscher nie in der Sowjetunion waren und kaum russisch sprechen. Indem die westdeutsche Ostrechtsforschung sich zum großen Teil an Scheinpräzision und förmliche Nachprüfbarkeit ausgeliefert hat (vgl. K. R. Popper und dessen Herkunft von J. G. Fichte, nachgewiesen bei T.S. Chabarova), sank sie unter das Niveau, das sie in den zwanziger Jahren erreicht hatte. Und heute erleben wir, daß die großen Forschungstheorien der zwanziger Jahre, die maßgeblich in Deutschland mitentwickelt wurden, über den Umweg USA wieder nach Westdeutschland zurückkehren (vgl. z.B. T. S. Kuhn). Diesen Umweg jedenfalls hat sich die UdSSR erspart, und diesen Umweg wollen auch wir uns ersparen.

§ 15

Wir müssen zwar feststellen, daß gerade im Gefolge der wissenschaftlich-technischen Revolution und der Automation förmliche Forschungs- und Sozialtheorien Eingang in die Sowjetunion gefunden haben, so etwa die Systemtheorie. Die Systemtheorie setzt zwar die Prozesse fort, die zur Schaffung der Automaten geführt haben. Es ist aber fraglich, ob auch der Umgang mit Automaten systemtheoretisch gesteuert werden kann. Zwar wird auch dies in der UdSSR vertreten, und wer sich mit dem ersten Blick begnügt, wird es denn auch bei der Feststellung der Ähnlichkeit etwa zwischen der UdSSR und den USA bewenden lassen. Er wird sich dann vielleicht noch auf die Lehre berufen, daß sich infolge derselben Herstellungsweise Ost und West einander annähern (Konvergenztheorie). Aber es ist schon in westlichen Ländern unangebracht, ein Grundproblem wie die Automation und die Informatik nur unter partiellen Fachgesichtspunkten zu erörtern wie etwa der System- und der Informationstheorie. Erst recht gilt das für die Sowjetunion. Denn es ist sowjetischer Brauch, die politisch brisanten Themen nicht dort zu erörtern, wo sie nach westlichen Gepflogenheiten erwartet werden, sondern an ganz anderen Stellen. Ein beschränktes Fächerdenken könnte daher zu Fehleinschätzungen führen, die bei allem dabei möglicherweise aufgewendeten Scharfsinn eine Untersuchung zur Gänze entwerten.

Wissenschaftliche Gepflogenheiten in Ost und West

§16

Selbst eine Untersuchung eines so engen Gebietes wie Rechts- und Verwaltungsinformatik in der UdSSR kann sich nicht auf die Fachliteratur beschränken. Denn dann bliebe es möglicherweise bei einem Formularvergleich, bliebe es bei der Feststellung banaler Ähnlichkeiten oder Unähnlichkeiten etwa zwischen bundesdeutscher und sowjetischer Rechtsinformatik. Ganz aus dem Blick geriete dann etwa der gewichtige Umstand, daß Recht da und hier einen ganz anderen Stellenwert hat. Ganz außer Betracht bliebe ferner, daß die Grundfragen der Rechts- und Verwaltungsinformatik an ganz anderen, scheinbar abgelegenen Stellen erörtert werden, so etwa in der Sprachwissenschaft, in der Literaturkritik, in der Wissenschaftstheorie, in der Kritik an der bürgerlichen Philosophie und Sozialwissenschaft oder in der Kunsttheorie. Zwar werden viele der hier interessierenden Fragen im Gebiet der Rechtstheorie erörtert, die, wie jeder Kenner der Materie mir zugestehen wird, in der Sowjetunion ein deutlich höheres Niveau hat als etwa in der Bundesrepublik. Gewichtige und vor allem kritische Stimmen wird man aber hier eher außerhalb der drei Bereiche finden, die hier nahe liegen, als innerhalb ihrer, nämlich der System-, Informations- und Rechtstheorie.

§ 17

Wer das sozialwissenschaftliche Schrifttum länger verfolgt hat, das zu bestimmten Fragen in den USA und in der UdSSR erschienen ist, wird das Vorurteil aufgeben müssen, daß dort Vielfalt herrsche und hier Einförmigkeit. Eher wird er bemerken, daß in den USA ein verinnerlichter Denkzwang am Werke ist, in der UdSSR eine mehr politisch-äußerliche Rücksichtnahme. Gerade im russischen sozialwissenschaftlichen Schrifttum stößt man oft auf einen Einfallsreichtum, der aber in der Regel hinter verschleiernder Ausdrucksweise verborgen wird, wohingegen, was den Grundansatz betrifft, viele der in den USA erschienenen Werke einförmig sind. So wird etwa die von den USA geprägte Soziologie der Ordnung, die Organisations- und Betriebssoziologie in der BRD wie in der UdSSR wegen dieser ihrer Einförmigkeit und Einseitigkeit kritisiert; in der UdSSR mit dem Hintergedanken, daß damit - nicht ausdrücklich, aber deutlich - die eigene Soziologie angegriffen wird, die auf diesen Gebieten von den USA geprägt ist.

§ 18

Die größere Vielfalt und Reichhaltigkeit, die man dem sowjetischen sozialwissenschaftlichen Schrifttum etwa im Unterschied zum nordamerikanischen wird zugestehen müssen, hängt sicherlich auch damit zusammen, daß in der UdSSR die inneren Spannungen stärker empfunden werden als etwa in den USA, wo, wie es scheint, der industrielle Takt zur großen Spur der Entwicklung geworden ist – und zur einzigen. Das kann man für die UdSSR nicht einmal von ihren Metropolen und Industrierevieren behaupten. Hinzu kommt ein geschichtliches Gedächtnis, eine Verarbeitungsweise, die im Verdrängen ungeübt ist, kommen kulturelle, rassische, sprachliche Gegensätze riesigen Ausmaßes und kommen neuerdings eine stürmische Industrialisierung und Urbanisierung, welche auf die überkommenen Uneinstimmigkeiten und Widersprüche neue setzen. Gegenüber diesen Zerrungen und Spannungen sind Forschungstheorien und Sozialtheorien unangemessen, die nur auf mittlere Reichweite und nur auf Erfassung eines Teils des sozialen Geschehens bedacht sind. Vielmehr wird gerade auf diesem stürmischen sozialen Hintergrund deutlich, daß von allen satzförmigen Sozialtheorien nur die allgemein anerkannt ist, die alle förmlichen Teiltheorien in sich zusammenfaßt: die Dialektik Hegelscher Prägung. Hier dazu nur dies: Jeder deutsche Jurist, der sich auf ein Gespräch mit sowjetischen Kollegen und Studenten einläßt, stellt erstaunt fest, wie bekannt vor allem Hegels Rechtsphilosophie schon unter jüngeren Studenten ist. Und er wird, je nach Temperament, voller

Zorn oder Gram dieses Erlebnis mit dem Stand der bundesdeutschen Hegelkenntnis in Bezug bringen.

Anleitende Rede und ableitende Sprache

§ 19

Es wird in der sowjetischen Sozialwissenschaft bemerkt, daß die Dialektik neuzeitlicher Prägung an die Schriftsprache gebunden ist und ihr entstammt. Daher wird diese Dialektik auch zur Deutung und Steuerung des Fernbereichs eingesetzt, der satzförmig geregelt ist. Zu diesen Regelungsmechanismen gehört vor allem das Recht, und daher wird Hegel auch vor allem von Juristen geschätzt. Anders, wenn es um wissenschaftliche und soziale Grundfragen geht, die abseits der dogmatisierten Bereiche Recht und Staat erörtert werden. Hier ist die wörtliche Rede in lebendiger Erinnerung geblieben. Die Lagen, in die man sich begibt, sind nicht vorher ausdefiniert. Man überläßt sich der gegenseitigen Anleitung und ist offen für das, was am Schluß herauskommt. Das Aushandeln selbst, die Darstellung der einzelnen in der Situation Stehenden, hat Wert für sich. Es kommt nicht nur auf Erfolg oder Mißerfolg an. Dieses Verständnis von Kommunikation hat sehr viel Ähnlichkeit mit der Verständigung, die wir bei uns etwa unter Arbeitern antreffen. Man weist sich in kurzen Sätzen an, redet deutlich, wenn zwar nicht immer richtig und überläßt sich der Gegenwart ohne Langzeitsicht. Man leitet sich durch Beispiele an, anstatt daß man sich durch Normen abrichtet. Eine solche Verhaltens- und Einstellungsweise gilt in der westlichen mittelschichtlich geprägten Wertigkeit als minderwertig, als Verhaltensweise der „Unterschicht". In Rußland dagegen ist sie an der Tagesordnung. Die Abrichtung durch Zivilisation hat im Westen nur den einfachen Mann verschont, in Rußland dagegen fast noch das ganze Volk. Daraus folgt: Wer in Westdeutschland weiß, wie Arbeiter leben, hat es leichter, auch die Russen zu verstehen, als jemand, der nur in der Mittelschicht aufgewachsen ist und ihre Werte verinnerlicht hat. Man muß hier deutlich zwei Verkehrs- und Verständigungsweisen unterscheiden. Das möchte ich an zwei Textbeispielen erläutern.

§ 20

Das erste Beispiel ist einem Kochbuch entnommen. Es geht um ein Fischgericht, auf dessen Zubereitung sich die Russen gut verstehen. Der Text wird von Ju. M.

Bražnikov zur Bestätigung dafür angeführt, daß man sich im alltäglichen Umgang vielschichtiger, kürzer und deutlicher verständigt als in der wissenschaftlich-schriftlichen Erörterung. Der Text (Ju. M. Bražnikov) lautet: „Den ausgenommenen und in Stücke geschnittenen Fisch salzen und leicht pfeffern. Eine Bitterkartoffel in Scheiben schneiden. Ein rohes Ei mit Öl verrühren und mit Milch verdünnen. Den Fisch auf den Sotejnik legen, ihn mit den Kartoffeln bedecken, mit dem Milch-Ei-Gemisch übergießen und zum Garen in den Ofen stellen". Der Sinn dieses Ablaufs ist: ein Fisch, der gesalzen ca. 10 bis 15 Minuten liegt, zerfällt nicht beim Schmoren. Die vorgeschriebenen Arbeiten vom Salzen bis zum Schmoren dauern etwa 10 bis 15 Minuten. Die Reihenfolge ist also erfahrungsgemäß und praktisch festgelegt, nicht nach wissenschaftlicher Folgerichtigkeit. Es liegt hier also keine gedankliche Notwendigkeit vor, sondern eine tunliche Angemessenheit, die auch eine Ordnung ist - nur eben keine wissenschaftliche.

§ 21

Das zweite Beispiel ist dem Lehrbuch „Deutsche Sprache" (Nemeckij jazyk) entnommen. Dieses Lehrbuch ist eigens für Technische Hochschulen der Infanterietruppen vorgesehen (Moskau, Voenizdat 1977, 18). Die sowjetischen Offiziere sollen die folgenden Sätze auf Deutsch mit eigenen Worten wiedergeben, ihre Grundgedanken und ihre Hauptbegriffe nennen: „Zur Panzertruppe der Bundeswehr gehören Panzer- und Panzeraufklärungsverbände und -einheiten......... Den Kern der Panzerverbände bilden die Panzer. Sie besitzen große Schlagkraft, Beweglichkeit, Manövrierfähigkeit und Standhaftigkeit gegen Atomsprengkörper. Panzer und Panzerbesatzung bilden eine untrennbare Einheit." Man wird bezweifeln können, ob diese Aussagen, abgesehen von ihrem steifen Amtsdeutsch, den Kriegsleuten viel Neues bringen. Aber das scheint auch gar nicht ihr Ziel zu sein. Ziel ist vielmehr, wie bei der wissenschaftlichen Aussage im üblichen alten Sinne auch, die richtige Zuordnung von Begriffen einzuüben, und damit auch Klischees. Es geht hier nur um das Erlernen von Begriffsbestimmungen in vollständigen Sätzen, um Syntax-Dressur. Vermittelte Text 1 eine kleine Erfahrung, so geht es im Text 2 allein um die förmlich richtige Zuordnung von Ausdrücken

Wissenschaftliche und umgangssprachliche Richtigkeit

§ 22

Das Verständnis, das ich meine, ist das des ersten Textes. Dieses ist grundlegend. Es geht mit Anweisungen um, die schon formal das Subjekt nicht brauchen: Es sind subjektlose Anleitungen, Hinweise, Topoi ohne Anspruch auf Wahrheit und Falschheit, aber mit dem Anspruch auf Nützlichkeit, Tunlichkeit, Angemessenheit. Tun reiht sich an Tun. Die Geschichte ist – wie die Geschichten der Bibel anfangs auch – ein Gleichnis, und ihr unausgesprochenes Ende: Geht hin und tut desgleichen. Wir haben es hier mit einer erzählenden Verständigung zu tun, mit einer narrativen Ethik, nicht mit einer normativen. Diese liegt dem zweiten Text zugrunde. Diesem Text geht es um die formal richtige Zuordnung von Satzteilen. Die Wortfolge zielt nicht aufs angemessene Tun, sondern auf die erklärende Ableitung. Der Text bleibt gedanklich. Er braucht im Tun nicht eingelöst zu werden. Er hält sich in erfahrungsloser Satzförmigkeit (Syntax) auf. Der erste Text dagegen geht aufs Handeln (Pragmatik), und zwar auf ein Handeln, das noch nicht satzförmig vorherbestimmt ist wie etwa im heutigen gesetzesförmigen Recht.

§ 23

Oft wird bezweifelt, daß Handeln und Denken, Praxis und Theorie in einem Buch voller Sätze einander gegenübergestellt werden können. Der Einwand lautet hier, wie kann man, in Sätzen schreibend, gegen Satzförmigkeit angehen? Baut man da nicht auf, was einzureißen man sich anschickt? Das kann, aber das muß nicht so sein. Denn auch vollständige Sätze können anweisen, z.B. der Satz: Du kommst hierher! Satz- und schlußförmiges Denken, kurz Förmlichkeit, ziehen erst dann ein, wenn die Sätze genau sein wollen und ihre Abfolge förmlich überprüfbar; erst dann, wenn Sätze in ein widerspruchsloses Gefüge treten möchten, in eine Dogmatik, in ein System. In einem solchen Gefüge allerdings steht der Automat; und nur da kann er stehen. Wo immer es um Rechenprogramme und Maschinensprachen geht, ist auch und ist allein Förmlichkeit angebracht. Nicht aber dort, wo es um den Umgang mit dem Rechner geht. Das soziale Umfeld des Rechners braucht nicht von seiner Art zu sein. Und wird dieses Umfeld genauso verhandelt, so wird damit unausgespochen, aber notwendig dazu angewiesen, auch dieses Umfeld in wiederholbare Vorgänge aufzulösen, in das, was die Angelsachsen zumeist unter „process", „processing" verstehen. Denn prozeßhafte Wiederholbarkeit ist der Handlungssinn (die pragmatische Rationalität) der Genauigkeit, der Präzision.

§ 24

Die oft gehörte Forderung, wissenschaftliches Reden müsse nach höchster Präzision streben, ist alles andere als wissenschaftlich. Denn dies hieße, Wissenschaft auf Wiederholbarkeit einzuengen. Mehr noch: Da nicht auszumachen ist, ob Wiederholungen „tatsächlich" vorkommen oder ob sie etwa durchs Experiment den Tatsachen aufgezwängt wurden, läuft das Präzisionsgebot darauf hinaus, alles wiederholbar zu machen: Präzison meint wiederholbare Machenschaft, meint Abrichtung der Welt auf Satz-und Strichförmigkeit, auf Grammatik und Geometrie. Kurz: Es wird das eleatische Weltverständnis als das einzig mögliche vorausgesetzt. Und das ist alles andere als wissenschaftlich. In dieser Sicht- und Sprechweise kann, was nicht strich- und satzförmig zugerichtet ist, gar nicht vorkommen, und es kann nicht sein, was nicht sein darf (Onto-Theo-Logie der Eleatik; vgl. M. Heidegger, Identität). Wir werden zugeben müssen, daß unsere Welt weitgehend eleatisch zugerichtet ist (Hegel: Objektiver Geist), aber wir müssen uns hüten, die Welt fortgesetzt auf unser Ideal zuzurichten. Denn damit würden wir uns nicht über die Automaten stellen, sondern mit ihnen wetteifern. Und förmliche Genauigkeit im engen Sinne ist nichts anderes als eine ständige Anweisung zum Wetteifern mit Automaten.

Sozialwissenschaft und technische Wissenschaft

§ 25

Ich verstehe unter Sozialwissenschaft beides: Die erzählende, beifällige Handlungsfolge und die ableitende, genaue. Und ich verstehe diese Folgen so, wie sie entstanden sind und weiter im Zivilisations- und Sozialisationsverlauf entstehen: Quell und Grund des geselligen Umgangs, der Verständigung durch Worte und Werke ist die wechselseitige Anweisung, das Beziehungsgeflecht gegenseitiger Abhängigkeit, das Herrschaft zwar nicht ausschließt, aber auch nicht hervorbringt. Auf der Grundlage dieser wechselseitigen Verständigung erwächst die förmliche Verständigung etwa in der Weise, wie Aristoteles seine Analytik aus der Topik entwickelte. Das praktische Ziel des Aristoteles war es, für die Überprüfbarkeit der Schlüsse, die die Sophisten zogen, den Athenern ein Merkmal in die Hand zu geben, mit dem sie die guten von den faulen Schlüssen unterscheiden lernten. Ebenso praktisch ist auch die Schlußform: sie ermöglicht Naturbeherrschung im arbeitsteiligen Verfahren, indem sie das sinnvolle Zwiegespräch in ein gedankliches Selbstgespräch einfängt. Und dies ist die Sprechweise der Automaten.

§ 26

Das monologische Schreiben und Reden, das sich von Satz- und Schlußförmigkeit steuern läßt, ist eine besonders verstiegene Abart der grundlegenden sozialen Verständigung: der wechselseitigen Anleitung. Ableitung entsteht aus Anleitung. Von diesem Standpunkt aus erscheint es mir dürftig, sozialwissenschaftliches Verstehen und naturwissenschaftliches Erklären, idiographische und nomothetische Wissenschaft einander entgegenzustellen. Das ist so, als wolle man dem Wesen der Wespe den Stich der Wespe entgegenstellen oder der Katze als Ganzes das Grinsen der Katze. Sozial- und Naturwissenschaft stehen sich da unvermittelt gegenüber, wohingegen jedoch diese aus jener erwächst. Bei dieser oberflächlichen Gegenüberstellung wird nicht beachtet, daß etwa idiographische Sozialwissenschaft durchaus nomothetisch betrieben werden kann, etwa in der Messung des IQ oder überhaupt in der Sozialstatistik. Und weiter, daß Physik weitgehend geisteswissenschaftlichen Zuschnitt hat, etwa bei der „Operationalisierung" ihrer Grundannahmen. Denn hier kommt oft in die einzelnen Schritte hinein, was nie und nimmer in den Annahmen steht (M. D. Achundov).

§ 27

Die Gegenüberstellung von idiographischen Geistes- und nomothetischen Ingenieurwissenschaften macht vergessen, das letztere ein Teil der ersteren sind. Sind diese Wissenschaften erst mal als unabhängig voneinander gesetzt, dann kann man auch durch Grübeln herausfinden, welcher denn nun das Übergewicht gebührt. Räumt man nun mit der verschulten Wissenschaft des letzten Jahrhunderts den Ingenieurwissenschaften den Vorrang ein, dann kann man auch das Ganze von seinem Teil her konstruieren, also aus dem Grinsen der Katze in Alice's Wunderland die Katze als Ganzes züchten. So wie der Zauberer im Räuber Hotzenplotz den Kasper herzaubern konnte, weil er den Hut Kaspers besaß. Gerade in dieser Weise versuchte etwa die Entwicklungsspychologie J. Piaget's aus dem Kinde den Erwachsenen herauszuschälen, der schon im Kinde steckt, indem er lehrt, das Kind werfe nach und nach die Häute ab, die das Wachstum des Erwachsenen hemmen. So versuchen Rechtslogiker Billigkeit aus Gesetzlichkeit zu schürfen oder Theologen aus Syntax Moral. Die Reihe dieser Zaubereien ließe sich fortsetzen. Doch wichtiger erscheint mir der Hinweis, daß vor allem in Rußland gegen diesen Denk- und Forschungsstil Bedenken laut wurden; ich verweise hier nur auf L. S. Vygotskij, der in der Auseinandersetzung mit J. Piaget eine kindgemäße Entwicklungsspychologie entfaltete und nicht eine, die die Vorurteile des Erwachsenen der Kinderseele aufpfropft.

Ökologische und ökonomische Denkweise

§ 28

Der Vorrang der technisch-naturwissenschaftlichen Denkweise vor der sozialwissenschaftlichen erklärt sich aus einem Mißverständnis: nämlich daraus, daß wir der Technik den beachtlichen Wohlstand verdankten, in dem wir leben. Indessen liegt dies nicht an der Technik, die ja nur eine besondere Ausprägung sozialer Verständigung ist, sondern an der förmlichen sozialen Verständigung. Diese forderte sozial ungewollte Opfer: einstmals im Frühkapitalismus das Massenelend, dann im reifen Kapitalismus die Massenvernichtung von Menschen und Gütern. Und diese förmliche soziale Verständigung läuft heute auf Selbstvernichtung hinaus: auf Ausplünderung des Erdballs und gegenseitige militärische Überrüstung. Die naturwissenschaftliche Denkweise ist ökonomisch. Was uns nottut, ist eine ökologische Denkweise, eine, die sozialwissenschaftlich im Sinne des ersten Textes ist, die Handlungszusammenhänge aufspürt, statt sie zu zerstören. Die Zerstörung greift überall dort Platz, wo Abläufe einem Grund oder einem Zweck untergeordnet werden, mag dieser Zweck nun Profit oder Sieg heißen oder der Grund Gott oder Schwerkraft.

§ 29

Bei alledem wird, das kann nicht genügend betont werden, Ökonomie nicht abgeschafft, wird Förmlichkeit nicht als Übel abgetan. Eben nur deren Verstiegenheit wird zurückgenommen, deren Extremismus. Nicht daß Gewinnsucht vorkommt, ist schlecht. Schlecht ist, daß sich die Gesellschaft um den Markt herum formiert und von Gewinnsucht steuern läßt. Wer aber darauf bedacht ist, das Marktgeschehen und die Steuerung durch den Gewinn einzuengen, der steht schon im erzählenden Entstehungszusammenhang und nicht mehr im ableitenden Erklärungszusammenhang. Immer wenn förmliche Verfahren sozial eingeschätzt werden, muß diese Einschätzung anders geschehen als förmlich. Denn sonst würde ja Förmlichkeit nicht eingeschränkt, sondern ausgedehnt werden, nämlich auf die Deutung ihrer selbst. Damit würde der alte Fehler wiederholt werden, über Objektsprachen Metasprachen zu errichten, über diese Meta-Meta-Sprachen undsofort bis zum Unendlichen. Dabei geschieht es oft, daß die Metasprache den Zugriff auf die Objektsprache steuert. So würde Ökologie, ökonomisch ver--standen und betrieben, Ökonomie ergeben. Dasselbe gilt für die Automation. Wer die Automaten nach Art der Automaten abhandelt, stellt sich in eine Reihe mit ihnen, auch wenn er sich über ihnen stehend wähnt.

§ 30

Es ist erstaunlich, mit welcher Unbekümmertheit in der Regel Automation als Fortsetzung des Zivilisationsprozesses ausgegeben wird. Gleichsam so, als sei die natürliche Fortsetzung des Wachstums des Organismus der Krebs. Die Vorstellung einer natürlichen Entwicklung (Evolution), die ganz das letzte Jahrhundert beherrschte, ist nichts anderes als die Übertragung ableitender Förmlichkeit auf das soziale Geschehen. Geschichte wird so förmlich begriffen; Man lebt und argumentiert aus begriffener Geschichte (Hegel). Förmlichkeit und Begrifflichkeit werden, losgelöst von ihrer Geschichte, zur großen Spur der Menschheit erklärt. Doch die Menschheit war und ist so frei, neben diese ihre Spur zu treten. In diesem Sinne braucht Automation nicht die Hauptspur zu bezeichnen. Es muß möglich sein, auch zu erwägen, ob sie nicht in eine Sackgasse weist. Für diese Erwägungen muß man sich von den Notwendigkeiten lösen, an die das förmliche Satz- und Strichmuster glauben macht. Vieles spricht heute dafür, daß diese Art „begriffene Geschichte" in den Hintergrund tritt und Umstände bestimmend werden, die sich der begrifflich vorfilternden Betrachtungsweise ganz entziehen.

II.

Grundbegriffe und Grundeinstellungen

Der begriffliche Rahmen der sowjetischen Rechtskybernetik

§ 31

Zunächst einige erklärende Hinweise zur Begriffsbildung, in der sich ja immer auch soziale Vorgänge und Überzeugungen ausprägen. Bis gegen Ende der 50er Jahre wurde die Kybernetik in der Sowjetunion als Ausgeburt bürgerlicher Förmlichkeit abgetan; als Ausbund des bourgeoisen Idealismus und Formalismus. Man spricht in der UdSSR in diesem Zusammenhang von der nihilistischen Haltung zur Kybernetik. Dann aber, als sich abzeichnete, daß Kybernetik ganz erheblich zur Steigerung der Arbeitsergiebigkeit beitragen kann, machte man kehrt: Die Schleusen wurden geöffnet, und seitdem ergießt sich eine Flut von Untersuchungen und Erfahrungsberichten auf den sowjetischen Buchmarkt. Eine Bibliographie von 1970 (Pravovaja Kibernetika 1970, 322 - 329) empfiehlt allein 158 der bekannteren Werke zur Grundlagenlektüre, und heute überschaut nicht einmal mehr der Fachmann den gewaltigen Umfang des Schrifttums, das zur sowjetischen Rechtskybernetik erschienen ist.

§ 32

Sich über die sowjetische Rechtskybernetik (Pravovaja kibernetika) einen Überblick zu verschaffen, fällt auch deswegen schwer, weil der Bereich, der mit Rechtskybernetik gemeint ist, weiter abgesteckt ist als etwa die westdeutsche Rechtsinformatik und, was die Erörterung der Grundlagenfragen angeht, mehr in die Tiefe greift. Dies kann der flüchtige Leser schon beim Durchblättern der etwa ein Dutzend Lehrbücher erkennen, die z.Zt. in den Hochschulen der UdSSR für das Lehrfach Rechtskybernetik verwendet werden. Hier schlägt die Grundtatsache durch, daß der gesamte Bereich des Wirtschaftsrechts, der ja besonders automatisierungsträchtig ist, zur Rechtskybernetik zählt. Wirtschaften in der UdSSR war immer Staatssache:

Die sowjetische Wirtschaft ist und war zentral gesteuert, und wer im Westen von „Dezentralisierung" der Sowjetwirtschaft redet, meint zumeist Dekonzentration, also die Streuung wirtschaftlicher Entscheidungsbefugnisse auf mehrere wirtschaftsleitende Stellen. Anders als in der Modellvorstellung der sozialen Marktwirtschaft ist in der UdSSR nicht nur der Rahmen des Wirtschaftens rechtlich geregelt, sondern auch der Wirtschaftsablauf selber.

§ 33

Damit werden rechtskybernetisch Bereiche erschlossen, die wir der Betriebswirtschaft zuzuzählen pflegen. Doch möchte ich gleich vorweg bemerken, daß die Automatisierung innerer Betriebsvorgänge hier nicht verhandelt wird. Dies ist auch nach sowjetischem Selbstverständnis gar nicht unbedingt geboten. Zwar wird im sowjetischen Recht die Trennung zwischem öffentlichem und Privatrecht verworfen, doch werden Recht und Rechtswissenschaft von Wirtschaft und Wirtschaftswissenschaft getrennt. Mag auch diese Fächerabgrenzung gerade unter kybernetischem Aspekt, der ja fächerübergreifend ist, bedenklich sein, so läßt sich doch einigermaßen sicher sagen, welche Vorgänge mehr der Wirtschaft und welche mehr dem Recht zuzuordnen sind: Wirtschaftlichen Vorgängen liegt die Gleichheit der Beteiligten zugrunde. In rechtliche Vorgänge spielt zumeist ein hoheitliches Verhältnis hinein, das von Weisungsunterworfenheit begleitet wird.

Die Bereiche der sowjetischen Rechtskybernetik

§ 34

Wo die Automatisierung den Vertrag unter Gleichen zur Grundlage hat, liegt nicht der Schwerpunkt dieser Abhandlung. Er liegt dort, wo Automatisierung auf eingefahrene Weisungsverhältnisse aufbaut oder neue schafft. Dies ist zunächst der gesamte Bereich des Strafrechts (ugolovnoe pravo) und des Verwaltungsrechts (administrativnoe pravo), also, behördlich gesprochen: der Apparat der Strafjustiz und der Staatsanwaltschaft sowie der Apparat der Räte (Sowjets), die zugleich gesetzgebende und vollziehende Körperschaften sind. Weiter bleibt einbezogen das Wirtschaftsorganisations- und Wirtschaftsverwaltungsrecht samt der staatlichen Schiedsgerichtsbarkeit (arbitraž). Diese Schiedsgerichtsbarkeit setzt sich entgegen ihrer Bezeichnung nicht aus Gerichten zusammen, sondern aus Behörden. Die staatlichen Schiedsgerichte sind für Streitigkeiten unter sozialistischen Betrieben in Wirtschaftsangelegenheiten zuständig. Ausgenommen sind: Streitigkeiten aus Verträgen, die ohne Plangrundlage abgeschlossen sind; Streitigkeiten um Festpreise, Steuern, Standards und um Bankgeschäfte, die alle hoheitlich geregelt sind; schließlich Streitigkeiten mit einer Streitsumme von weniger als 100 Rubeln (VO über das Schiedsgericht vom 30.06.1976).

§ 35

Diese Schwerpunktsetzung meiner Abhandlung ist zugleich die der sowjetischen Rechtskybernetik. Hier werden vornehmlich drei Behördenbereiche abgehandelt, in denen die Automatisierung am weitesten vorgedrungen ist: die Justizministerien, die Staatsanwaltschaften und die Innenministerien. Hier ist daran zu erinnern, daß die Sowjetunion ein Bundesstaat ist, der ähnlich wie die Bundesrepublik Deutschland Bundes- und Republikbehörden kennt, die unseren Landesbehörden entsprechen. Aus dieser bundesstaatlichen Verfassung erwachsen Kompetenzschwierigkeiten, die oft einen ernsteren Hintergrund haben, als die, die wir uns in der Bundesrepublik leisten, weil das zivilisatorische, sprachliche und völkische Gefälle in der Sowjetunion sehr viel größer ist als bei uns. Doch kann man auch für die UdSSR feststellen, daß die Kybernetik deutlich einheitsstaatliche Neigungen begünstigt. Ein weiterer Schwerpunkt meiner Abhandlung sind die Räte: Die Räte werden auf der Ebene des Bundes, der Gebiete (Gaue), der Kreise und der Gemeinden tätig. Sie haben ähnlich wie die Behörden automatisierte Systeme der Verwaltung (Avtomatizirovannye Sistemy Upravlenija, die ASU) eingerichtet.

§ 36

Der Bereich der Rechtskybernetik wird wohl am besten durch den Begriff „upravlenie" abgesteckt. Upravlenie bedeutet Verwaltung, Steuerung, aber auch Regelung (vgl. A. Vengerov 21 – 27). Upravlenie, Verwaltung, meint nicht napravlenie, Lenkung oder politische Grundentscheidung; meint auch nicht rukovodstvo, Führung. Die Führung der gesellschaftlichen und staatlichen Verbände oblag nach der Verfassung von 1936 (Artikel 126) der Kommunistischen Partei der Sowjetunion, der KPdSU. In der neuen Bundesverfassung (Artikel 6) wird die Partei als „die führende und lenkende Kraft der Sowjetgesellschaft" angesprochen, als „Kern ihres politischen Systems" (entsprechend Artikel 6 der Verfassung der Russischen Sowjetischen Föderativen Sozialistischen Republik, der RSFSR, und der Verfassungen der anderen Sowjetrepubliken aus den Jahren 1977/78). Upravlenie erfaßt also die Steuerung der alltäglichen und massenweisen Verfahren und Prozesse. Dies ist nicht Sache der Partei. Sache der Partei ist die Lenkung, die Führung. Der XXV. Parteitag der KPdSU hat die Zeichen auf möglichste Automatisierung der alltäglichen und massenhaften Prozesse gesetzt. Auf diese Orientierung durch die Partei berufen sich sämtliche Werke zur Rechtskybernetik in der UdSSR.

Bereiche der Rechts- und Verwaltungsinformatik

§ 37

Bei dieser Schilderung mag der Eindruck aufkommen, daß jetz der Bereich der Rechtskybernetik einigermaßen klar abgesteckt sei. Erwartungen dieser Art aber müssen enttäuscht werden, dies schon deswegen, weil trotz einer gewissen Konsolidierung der Bereich der Rechtskybernetik auch in der UdSSR immer noch umstritten ist. Dies gilt insbesondere für die ASU, die automatisierten Verwaltungssysteme der Räte und Behörden. Hier herrscht eine derartige Vielfalt und Unübersichtlichkeit, hier ist so vieles im Fluß, daß man schon mangels Strukturiertheit des Gegenstandes keine genauen Angaben machen kann. Dennoch wird auch dieser Bereich zur Kybernetik gezählt, und wir haben keinen Grund, ihn auszulassen, nur weil seine Erfassung uns Schwierigkeiten bereitet. Indessen scheint sich auch in der Ausdrucksweise anzudeuten, daß der Bereich der ASU doch von der eigentlichen Rechtsinformatik unterschieden wird, die sich auf die Bereiche Justiz, Inneres und Staatsanwaltschaft konzentriert.

§ 38

Zur Begrifflichkeit hier nur dies: Der Ausdruck „Rechtskybernetik" hat – unter anderem auf Vorschlag von O. A. Gavrilov – den Ausdruck juristische Kybernetik verdrängt, der 1961 von A. I. Berg geprägt worden ist. A. I. Berg wird das Verdienst zugeschrieben, die Kybernetik in Rußland hoffähig gemacht zu haben, und einer der ersten Juristen, der die Kybernetik fürs Recht fruchtbar zu machen unternahm, war D. A. Kerimov (Kibernetika na službu, 23, 234 – 241). In unseren Tagen neigt man deutlich dem Ausdruck Rechtsinformatik zu (vgl. E. A. Prjanišnikov 137, M. M. Rassolov 6). Das weist auf Bestrebungen hin, den Bereich, der mit „Rechtsinformatik" angesprochen ist, auf die handfesteren und leichter greifbaren Vorgänge in den drei Bereichen Justiz, Inneres und Staatsanwaltschaft einzuengen und den Bereich der ASU, die so recht gar nicht faßbar sind, an den Rand zu drängen oder ganz auszuklammern, jedenfalls so lange, bis sich hier klarere Konturen abzeichnen.

§ 39

So sehr es im Zuge der Spezialisierung liegen mag, sich auf das Faßbare und Abgrenzbare zu beschränken, so bedenklich erscheint mir dieser Zug unter sozialen und sozialwissenschaftlichen Gesichtspunkten. Denn mit der Aus- und Abgrenzung ginge der Bezug zur Gesamtheit verloren. Die Voraussetzungen und Grundannahmen würden mit Förmlichkeit überdeckt und der Erörterung entzogen werden. Es würde gerade der Vorzug, den die sowjetmarxistische Wissenschaft gegenüber einer positivistischen Wissenschaft hat, preisgegeben: nämlich der Zugriff auf Ganze. Ich werde also versuchen, das im Blick zu behalten, was in der bislang herrschenden Ausdrucksweise in der UdSSR als „Rechtskybernetik" angesprochen wird. Um dennoch den Unterschied der Rechtsinformatik zu den ASU herauszustellen, die den Bereich der Verwaltung im engeren (westlichen) Sinne ausfüllen, werde ich von Rechts- und Verwaltungsinformatik sprechen: Dies kommt der westlichen Ausdrucksweise entgegen, ohne inhaltlich davon abzurücken, was die sowjetische Rechtskybernetik meint.

Die Unklarheit des Informationsbegriffs

§ 40

Gleichviel nun, ob man von der Rechtskybernetik oder von der Rechtsinformatik spricht: Im zweiten Bestandteil ist immer die Information angesprochen. Und je nach dem, was man unter Information versteht, werden die Weichen für das Verständnis und die Handhabung dessen gestellt, was mit Kybernetik-Informatik bezeichnet wird: Zum Ausgang nimmt man meist das mengenmäßige Verständnis von Information, das von den zwanzigern bis in die vierziger Jahre dieses Jahrhunderts entwickelt wurde. Danach bestimmt sich das Maß der Information nach der Wahrscheinlichkeit der Beseitigung von Unsicherheit beim Empfänger der Information; Information wird hier von der bloßen Mitteilung getrennt (A. D. Ursul' 15, A. B. Vengerov 18). Information ist, so gesehen, Negentropie (Dobrušin/Churgin 76) und der mathematischen Bestimmung zugänglich. Diese statistisch-syntaktische Bestimmung wurde als ungenügend empfunden: Denn einmal hängt die Unsicherheit von einem vorausgesetzten Informationsstand ab, und zum anderen sind die allgemein-mathematischen Begriffe kaum einer Verortung und Anwendung fähig.

§ 41

Vor allem für den Bereich der sozialen Information, die man von der technischen abhob, suchte man nach inhaltlichen, semantischen Bestimmungsmerkmalen. Ich will hier nicht auf die Vielzahl der Definitionsvorschläge eingehen, die die

Semantik und Pragmatik der Information einzubeziehen suchten (dazu V. V. Veržbickij, A. D. Ursul' 15 – 31; S. S. Moskvin, Teoretičeskie 4 – 6). Ich will auch nicht auf die Versuche eingehen, den Wert zu bestimmen, den die Information für den Empfänger hat (dazu A. P. Gorjaško, Ju. V. Kudrjavcev). Wichtig erscheint mir, auf die Grundvoraussetzung all dieser Bestimmungsversuche hinzuweisen: Information wird als Code aufgefaßt, der aus Zeichen besteht, nicht als Rede, die aus Wörtern besteht (A. S. Majdanov). Der Code stellt Regeln der Kennzeichnung auf: A vertritt B. Eben das kann auch die Sprache, sie kann aber mehr, gleichviel ob man dieses Mehr nun als Anweisung versteht oder als Widerspiegelung oder Repräsentation (A. D. Ursul'). Doch will man dieses Mehr ausdefinieren, dann macht man es wieder zum Zeichen (vgl. I. A. Majzel' 29; Upravlenie, informacija, intellekt 87, 183, 184). Alle Versuche also, dieses Mehr einzufangen, das die Sprache gegenüber dem Code hat, laufen auf Verförmlichung von Inhalten hinaus oder auf Syntaktisierung von Semantik.

§ 42

Der Zwang zur Verförmlichung von Inhalten ist in der Kybernetik allgemein und in der Rechtskybernetik im besonderen spürbar: Man faßt das Recht als Zeichensystem auf (vgl. E. A. Prjanišnikov, Semiotika 93) und damit als Gesetz, obgleich die Förmlichkeit nur ein Merkmal des Gesetzes ist, und nicht des Rechts (A. A. Gatinjan 125), und obgleich das (gesetzliche) Zeichen einen Ausdruck meint, aber keine Bedeutung haben kann (M. V. Gamezo 10 – 12; vgl. dazu den Nachdruck von G. Freges Funktion, Begriff, Bedeutung in: Semiotika i informatika 179 – 210). Erst nach diesem Kunstgriff, der Rede über Schriftsprache auf Zeichensysteme reduziert, gelingt die Ablösung der Erzeugung von Information von der Verwendung von Information und stellt sich der merkwürdige Umstand ein, daß anders als die übergebene Sache die übergebene Information beim Übergebenden bleibt (A. V. Vengerov 20). Und erst dann kann man Lagen so umbilden, daß sie vorhersehbar sind (Klykov/Pospelov/Puškin 14): Denn die Vorhersehbarkeit, die der bürgerlichen Wissenschaft eigen ist (vgl. A. Comte: savoir pour prevoir), muß zur Beherrschbarkeit der Lage führen, die der sozialistischen Wissenschaft eigen ist (Vinogradov/Gončaruk 31).

Der Status des Informationsbegriffs

§ 43

Wir sehen also schon in der Theorie den Weg vom Vordenken des Machens zum Machen durchschritten, und die Unklarheit des Informationsbegriffes ermöglicht diesen Durchgriff. A. I. Berg bemerkt: Die Unklarheit des Informationsbegriffes sollte den Informatiker ebensowenig stören wie den Geometer die Unklarheit des Raumbegriffs: Man weiß nicht, was Raum ist, man mißt ihn einfach unter Verwendung geometrischer Modelle (A. I. Berg, Kibernetiku 12 unter Bezug auf Riemann). Doch, um bei diesem Gleichnis zu bleiben: Die Handlungsfolgen dieser Unklarheit liegen auf der Hand. Die Welt ist geometrisch zugerichtet, und die Ablehnung etwa des rechten Winkels durch Architekten wie Scharoun stammt aus dem Überdruß der Zurichtung der bebauten Umwelt auf etwas, was man nicht kennt. Die Geometrie beruht auf einer Pseudo-Axiomatik. Denn immer steht der geometrische Raum zwischen dem Ableitungsgefüge der Geometer und der alltäglichen Raumerfahrung. Das heißt, die logische Rekonstruktion ist nur möglich mit empirischer Interpretation. Diese aber geht weit über bloße Operationalisierungen hinaus. Und das führt zu einer Aufhebung der vorgeblich einheitlichen empirischen Basis der Geometrie und zu einem „theoretisch-empirischen Dualismus in der Bestimmung der Begriffe der Physik" (M. D. Achundov 84; vgl. S. S. Gusev).

§ 44

Es ist redlich und nützlich, schon hier auf die Zwiespältigkeit des Informationsbegriffs hinzuweisen. Denn von einer wissenschaftlichen Abhandlung wird saubere Begrifflichkeit verlangt, und bei dem Versuch, den Informationsbegriff zu fassen, stößt man darauf, daß Information eine Metapher ist: Sie vereint Ähnliches mit Unterschiedlichem, ja Unvereinbarem und ist daher keineswegs als Terminus aufzufassen, sondern eher als Topos (S. S. Gusev 73 – 75). Im überkommenen Wissenschaftsverständnis wäre eine Informatik, die aus dem Informationsbegriff Theoreme herleitet, faul. Denn aus Widersprüchlichem folgt Beliebiges. Indessen gibt es eine sehr erfolgreich arbeitende Informatik, und es wäre verwegen, diese als wissenschaftlich faul abzutun. Nur wird man, um die Wirksamkeit der Informatik in den Griff zu kriegen, von einem engen, nur syntaktischen Wissenschaftsverständnis abrücken müssen und die Pragmatik mit in Betracht ziehen. Da diese sich dem förmlichen Zugriff entzieht, wird auch eine Vollbegründung der Informatik und ein umfassendes Verständnis von Information über bloße Satzförmigkeit hinaus zu gehen haben.

§ 45

Dies hier gleich zu vermerken, ist deswegen so wichtig, weil sonst der Gang der Untersuchung falsch ausgerichtet werden könnte: Schwierigkeiten etwa in der Arbeitsweise der ASU oder in deren Zweckbestimmung würden dann nur förmlich (syntaktisch) oder im Hinblick auf förmlich erzeugte Vorgänge (syntaktisierte Prozesse) verhandelt. Die fehlende Genauigkeit der Grundannahmen würde dann opportunistisch gelöst: Durch Erfindung und Handhabung strenger Schrittfolgen (Algorithmen) in der Zeit, wo es an - räumlich vorgestellten - strengen Folgerungen fehlt. Solche Bezüge, die Zeit verschieben (F. Kröger, time-shifting connections 243) normieren sozusagen durch die Hintertür: Sie spiegeln vor, es handele sich um Folgerungen aus den Annahmen, wo es doch nur um willkürliche Zutaten geht. Es soll nicht bestritten werden, daß strenge Vorschriften etwa des Register- oder des Rentenrechts algorithmiert werden können und algorithmiert wurden. Wenn in anderen Rechtsbereichen noch keine Algorithmen gefunden wurden, so liegt das oft daran, daß die in diesen Bereichen enthaltenen Begriffe eher Hinweise sind, Topoi, als Fachausdrücke, Termini. Und es ist unangemessen, alle Rechtsbereiche über denselben Kamm zu scheren.

Der Zusammenhang von Informatik und Systemtheorie

§ 46

Wir können das Gesagte auch so ausdrücken: Das mengenmäßige Verständnis von Information mißt soziale Vorgänge in der Weise, daß es durch sie soziale Vorgänge wiederholt. Das heißt: Etwas angeblich Vorgefundenes, nämlich dies, daß Information mengenmäßig meßbar sei, wird in der Weise des Auffindens hergestellt. Aus einem Wahrheits- wird ein Bestätigungsmerkmal. Was in der Maschine als künstlicher Verstand gilt, macht den menschlichen Verstand künstlich, da er statt nach Sinnbezügen nach Förmlichkeit fragt und über die Aufgabenlösung die Aufgabenstellung vergißt („Iskusstvennyj intellekt" 9, 14, 176). Und weiter: In ähnlicher Weise wie die Informationstheorie greift die Systemtheorie, die mit der Informationstheorie zusammenhängt, auf das vor, was aufzufinden sie vorgibt (vgl. A. R. Šljachov, Tendencii razvitija 7; I. F. Kaz'min 68; V. A. Poškjavičjus, Kibernetičeskij podchod), nämlich auf den Zusammenhang sozialer Vorgänge in einem Erklärungsgefüge, was zugleich bedeutet, daß das Entstehungsgefüge zerschlagen wird.

§ 47

Man ist sich einig darüber, daß Kybernetik und Informatik an den Zugriff vom System her gebunden sind. System heißt zunächst ganz allgemein (B. S. Gutkina 73), einzelnes im Zusammenhang zu sehen. Doch ist dieser Zusammenhang meist ein gesetz- und satzmäßiger (Ivanov/Šaumjan 218), ein Zusammenhang der Erklärung und satzförmigen Beschreibung eines vorausgesetzten Ganzen (I. V. Blauberg 27). Systemtheoretisch wird auch das Recht betrachtet. Ähnlich wie im Westen gibt es in der UdSSR eine Normlogik, deren Vertreter den logischen Zusammenhang nicht nur der Normen untersuchen (A. A. Ivin; V. E. Žerebkin; V. A. Poškjavičjus), sondern auch der Beweise (A. A. Ejsmann; I. M. Luzgin; A. I. Trusov). Beweise sind für diese Autoren informative Signale, Systemverbindungen. In gleicher Weise werden in der Kriminologie Merkmale etwa von Tätern aufgestellt, deren Wechselverbindung (Korrelation) gemessen wird, weil man hofft, durch Manipulation der Merkmale die Häufigkeit von Straftaten herabsetzen zu können (vgl. Ch. D. Randalu, EVM i izučenie, EVM ne tol'ko; Čugunov/Gorskij 161).

§ 48

Der Angang vom System her, der mit dem Angang von Mengen her zusammenhängt, setzt eine erklärungs- und mengenmäßig verfaßte Wirklichkeit voraus: Sowohl Systemtheorie als auch Mathematik sehen nur um den Preis von der Lage ab, daß sie eine bestimmte Wirklichkeit voraussetzen (V. N. Sagatovskij 21), also insofern ontologisch sind. Statt schriftliche Zeichensysteme auf die Lagen zurückzuführen, aus denen sie entstanden sind, werden Lagen auf solche Systeme hin verzerrt; statt entgegenständlicht werden sie weiter vergegenständlicht (E. F. Tarasov 241, 243). Ich betone, daß all diese Meinungsäußerungen von Sowjetautoren stammen, die, wenn auch mehr implizit als explizit, die Einseitigkeit einer Kybernetik bemängeln, die an mathematische und systemtheoretische Grundüberzeugungen und Verfahren gebunden ist. All diese Einwendungen, das sei wiederholt, richten sich nicht gegen die Kybernetik, sondern gegen ihre naive soziale Verwendung und Einschätzung sowie gegen das einseitige Wissenschaftsverständnis, das dieser Einschätzung und Verwendung zugrunde liegt.

Der Zusammenhang von Schriftsprache und Systemtheorie

§ 49

Betrachtet man die Einwände, die in der UdSSR gegen die herkömmliche Art des Wissenschaftsbetriebes und des Wissenschaftsverständnisses erhoben werden, unter wissenschaftstheoretischem Aspekt, dann kann man sagen: Das hergebrachte logisch-diskursive Wissenschaftsverständnis, das an Satz- und Strichförmigkeit gebunden ist, an Grammatik und Geometrie, ist in Rußland nie so stark verinnerlicht worden wie im Westen und wird auch heute dort eher in Frage gestellt: Man erkennt die Einseitigkeit eines experimentell-messenden Vorgehens (I. A. Majzel') und fordert statt dessen eine „soziale Ökologie, die die humanistische Orientierung der Wissenschaft bestärkt" (ders. 26). Die alte Logik ist ein Weltbild, ein - mit T. S. Kuhn gesprochen - Paradigma, das sich verselbständigt hat, das sich aber als mancherorts untauglich erwiesen hat. Denn Logik ist nicht für sich da, sondern hängt von der jeweiligen sozialen Grundausrichtung ab, die eher intuitiv erschlossen wird als diskursiv (E. V. Zolotuchina; I. S. Šmerling 59; L. I. Gurova 19, 44; D. M. Birjukov 24).

§ 50

Wir können also feststellen: Auf der einen Seite sieht man sich an das ausgeliefert, was in der klassischen deutschen Philosophie objektiver Geist hieß und bei Marx Dialektik von Produktivkräften und Produktionsverhältnissen heißt: an die Entwicklung (razvitie) oder das Hinüberwachsen (pererastanie) der einzelnen abgetrennten Volkswirtschaften und Völker zu einer umfassenden Weltwirtschaft und Völkergemeinschaft (G. M. Lebedeva 62; V. M. Rusanovskij 131). Diese Entwicklung ist wissenschaftstheoretisch mit diskursiver Logik, Experiment und Identitätsannahmen verbunden. Ihre Ausprägung ist die Kybernetik. Auf der anderen Seite bleibt man der Eigenheit der Völker und ihres Verkehrs gewahr. Hier erscheint die Systemtheorie als unangemessen, an die Stelle des Experiments tritt meist der Vergleich. Die Vergleichung gilt als Methode, mit der so etwas wie die politische Kultur eines Volkes wie auch sein Umgang mit Einrichtungen und Maschinen erfaßt werden kann: „Ohne Übertreibung kann man sagen, daß der vergleichsweise Fortschritt, der in den letzten Jahren in der Erarbeitung einer soziologischen Theorie der Politik in unserem Lande und im Ausland erzielt wurde, sich eben der breiten Anwendung der Vergleichsmethode verdankt" (V. G. Kolenskij 166).

§ 51

Unter diesem vergleichsweise umfassenden Gesichtspunkt wird auch von einigen Sowjetautoren der Weg von der mündlichen Rede zur Maschinensprache betrachtet. Der mündlichen Rede, die aufrufen, ausdrücken und mitteilen kann (appellativ, emotiv, kommunikativ verwendet wird), wird die Kunstsprache gegenübergestellt, die all diese Eigenheiten der Rede verstärkt, aber selber nicht produziert. Besonders durch die Schriftform verstärkt wird die mitteilende Seite der Rede, die informative. Behält man die im Blick, so kann man die folgende Entstehungsabfolge behaupten: Alltagssprache – Modellsprache – Informationssprache – algorithmierte Sprache – Maschinensprache, wobei man sich diese Abfolge etwa an den Beispielen klarmachen kann: Nationalsprache – Standessprache – Fachsprache – Programmiersprache – Maschinensprache. Für uns wichtig ist die Informationssprache, die wiederum in Befehls-, Bezugs- und Suchsprache unterschieden wird (N. S. Karbovskaja u.a. 81 – 83).

Der Beitrag der Kybernetik zur Entfaltung der Produktivkräfte

§ 52

Die in Rußland vorherrschende Betrachtungsweise kann überhaupt nicht darauf verfallen, etwa aus späteren Stufen wie der Fachsprache frühere Stufen wie zum Beispiel die mündliche Rede nachzuerzeugen. Im Gegenteil: Die Rede wird als Ausprägung gesellschaftlicher Vorgänge angesprochen, vor allem der Arbeitsteilung, und Sprache ist nie selbstherrlich, autonom. Dieser Ansicht ist jedenfalls die „Hauptmasse der sowjetischen Linguisten" und Philosophen (L. F. Il ičev 289). Im Westen modisch gewesene Richtungen wie die generative Grammatik oder der Strukturalismus haben in Rußland nie richtig Fuß gefaßt. Sowjetische Wissenschaftler sehen durchaus klar, daß die Formalisierung gewaltsam in die natürliche Sprache eingreift und sie verändert. Doch man hält die Veränderungen für unumgänglich. Die Sowjetunion versteht sich als Industriegesellschaft und kennt den Preis, den die Entwicklung dieser Gesellschaft ihr abfordert: die Verwissenschaftlichung und Verförmlichung sozialer Beziehungen.

§ 53

Die hochformalisierte Kybernetik galt anfangs in Rußland als Ausbund bürgerlicher Wissenschaft. Doch als die Wissenschaft zur unmittelbaren Prokuktivkraft erklärt wurde, rückte die Kybernetik vom Überbau an die Basis. Da steht sie nun ebenbürtig mit anderen ergiebigkeitssteigenden Faktoren wie Arbeit und Kapital. Wie die Faktoren überhaupt so kann sich auch nach sowjetischer Ansicht die Kybernetik in der Sowjetunion freier entfalten als im Westen. Zu den sowjetischen Grundlehren gehört, daß die Eigentumsverhältnisse (Produktionsverhältnisse) der kapitalistischen Länder die Entfaltung der Produktivkräfte hemmen, die sozialistischen Verhältnisse dagegen die Produktivkräfte nicht nur fördern, sondern heute vorhersehbar machen (Vinogradov/Gončaruk 31 unter Bezug auf L. I. Brežnev). Da die Kybernetik als angewandte Wissenschaft zu den Produktivkräften zählt, kann sie sich in der UdSSR frei entfalten, im kapitalistischen Westen dagegen nicht.

§ 54

In der Sowjetunion herrscht kein technischer Optimismus, und die Russen sind keine technischen Narren. Aber angesichts ihrer vergleichsweisen Armut liegt ihr Schwergewicht z.Zt. deutlich auf Technologie, der großen Armutsüberwinderin. Bei all dem indes bleibt die Technik nur Mittel; sie wurde nie Inhalt, Sinn oder Bedeutung. Das ist in Rußland die Kunst vielmehr. Aber Kunst stiftet nicht Güterreichtum. Aus ihrer Gewißheit heraus, daß sie einen ganz anderen Sinn haben als im Güterüberfluß zu leben, tun die Russen auch die Warnungen der Autoren der Frankfurter Schule vor der Technik zur Seite. Zwar erkennen sie an, daß die allmächtige Technik den Westen zu ersticken droht, weil hier alles dem förmlichen Marktzwang unterworfen wird. Die Frankfurter Schule konnte mit Recht annehmen, daß in den kapitalistischen Staaten des Westens Technik und Förmlichkeit alles überrennen, weil die ursprüngliche Verständigungweise, die wechselseitige Anleitung, so gut wie ganz ausgelöscht ist (vgl. Social'naja filosofija Frankfurtskoj školi, Prag – Moskau 1975 und im ausdrücklichen Gegensatz zu diesem Werk: Kritika social no-filosofskich vozzrenij Frankfurtskoj školi, Moskau 1977, insbesondere 272 – 292). Anders in Rußland, wo die ursprüngliche Verständigungsweise noch lebendig ist. Hier hält sich die Zuversicht, auch von einer noch so entwickelten Technik nicht verschlungen zu werden (vgl. Čelovek i EVM 174).

Kybernetik und Verwissenschaftlichung

§ 55

Die Ausbreitung der Kybernetik und der Rechtskybernetik ist nur ein besonderer Aspekt der zunehmenden Verwissenschaftlichung in der Sowjetunion. Diese begünstigt ein ungeheures Anwachsen der Arbeitsergiebigkeit in der verarbeitenden Wirtschaft, nicht aber bei sich selber. Im Wirtschaftszweig der Wissenschaft steigt wie im gesamten tertiären Sektor die Produktivität nur sehr langsam. So stieg in den letzten fünfzig Jahren die Arbeitsergiebigkeit in der UdSSR insgesamt um das Achtzigfache, doch in den Projektionseinrichtungen, die jenes Wachstum vorbereiteten, nur um das Doppelte (Dobrov/Korennoj 8). So wird denn auch, was Wissenschaft leistet, nicht an den üblichen wirtschaftlichen Maßstäben wie etwa an dem Profit gemessen. Umgekehrt wird der Profit eine aus Wissenschaft abgeleitete Größe. Für die wissenschaftliche Forschung gelten „zwei Grund- oder Endziele": die Vorausschau und der Nutzen (G. M. Dobrov 10). Zwar ist die Vorausschau schwierig, weil Menschen in kaum vorher bestimmbaren Lagen handeln und das, was „Handeln" ist, kaum erforscht ist (L. P. Bueva 47). Doch bleibt der große Leitfaden der Vorausschau der Stand der materiellen Produktion (Metodologičeskie problemy social'nogo predvidenija 25 – 27).

§ 56

Ein nicht geringer Nutzen wissenschaftlicher Forschung liegt darin, daß sie zunehmend Arbeitsplätze schafft. Es scheint, als ob das im Westen ungelöste Hauptproblem des arbeitsplatzerhaltenden oder arbeitsvermehrenden technischen Fortschritts in der UdSSR nicht die Rolle spielt wie etwa in der BRD. Eng verbunden mit diesem Fortschritt in der UdSSR ist die Verstädterung. 1977 lag in zwölf von den fünfzehn Republikhauptstädten der UdSSR der Anteil der Arbeitsplätze für Wissenschaftler weit über dem Bundesdurchschnitt. Das läßt sich am Beispiel der Ukrainischen Hauptstadt Kiew aufzeigen. Hier wuchs der Anteil der in der Wissenschaft Beschäftigten, gemessen am Jahr 1955, im Jahre 1975 auf 779,3%, der Anteil der in der Industrie allgemein Beschäftigten dagegen nur auf 385,3% und der Anteil der Kommunalarbeiter und -angestellten auf 348,5%. 1950 war in Kiew jeder Zwanzigste im Wissenschaftsbetrieb beschäftigt, 1975 jeder Neunte. In der UdSSR insgesamt werden 1980 4,8% aller Erwerbstätigen im Wissenschaftsbetrieb stehen, im Jahre 2000 8 bis 10% (T. V. Zaec u.a. 13 – 19).

§ 57

Eine der größten Wachstumssparten im Wachstumszweig Wissenschaft ist die Kybernetik. Ein Beispiel: Das Englisch-Russische Wörterbuch für Automatik, Kybernetik und Prüf- und Meßgeräte, das 1971 erschien, enthielt gegenüber seinem Vorgänger 12.000 lexikalische Einheiten mehr. Das Englisch-Russische Wörterbuch für Rechentechnik enthielt in der ersten Auflage 1964 12.000 lexikalische Einheiten und in der zweiten Auflage 1974 24.000 (A. N. Gavinskij 91). Nun wäre es aber, wie gesagt, irrreführend, sich allein von diesen Zahlen leiten zu lassen und hieraus etwa voreilig auf Übereinstimmungen in Ost und West zu schließen. Denn einmal meint Wissenschaft und Verwissenschaftlichung in der UdSSR mehr und zum Teil anderes als im Westen. Und zum anderen wird Kybernetik auch anders begründet und verstanden als im Westen. Während Kybernetik und Informatik nach westlichem Verständnis an eine schlußförmig und operational aufgebaute Wissenschaft geknüpft sind, können sie nach sowjetischem Verständis auch mit einer Wissenschaft einhergehen, die mehr alltagssprachlich verfährt als fachsprachlich und in der nicht nur logische Verknüpfungen vorkommen sonderen auch intuitive.

Rückschritt und Fortschritt durch Automation

§ 58

Wir sind es gewohnt, Automation als ein Ergebnis logischer Förmlichkeit zu betrachten. Immer werden – räumlich vorgestellte – logische Bezüge in eine zeitliche Abfolge gebracht, in einen Algorithmus (vgl. E. R. Anderson u.a. 109), in „time-shifting connections" (F. Kröger 243). Im Westen fragt man kaum, ob mit dieser Vorgehensweise nicht unbewußt Verinnerlichtes wieder erzeugt und durch Maschinen nacherzeugt wird; ob der Grundstock des Verinnerlichten im Grunde nur die Syntaxdressur ist, der Formzwang. Psychologisch heißt Automatisierung der Vorgang, daß bewußte Betätigung in unbewußte übergeht und dann „automatisch" abläuft. Automation in diesem Sinne ist „die einfachste Erscheinungsform des intuitiven Syndroms" (D. M. Birjukov 6). Da wir nach Sigmund Freud indessen das Unbewußte mit der tierischen Seele gleich setzen, übersehen wir den sozialen Ursprung von Automation und Intuition. So verfangen sich Psychoanalytiker der Freud'schen Schule in dem Widerspruch: Heilung soll die Unterwerfung des Unbewußten unter das Bewußtsein bringen: Wo Es ist, soll Ich sein. Zugleich wird aber das Unbewußte als wesentlich ausgegeben, das Es. Folglich soll in der Freudschen Lehre die Folge der Krankheit über ihre Ursache siegen (V. I. Ovčarenko 14, 15).

§ 59

Wir entgehen den Ungereimtheiten westlicher Psychoanalyse, wenn wir unter Intuition „die unbewußt erinnerte Information" verstehen (D. M. Birjukov 28). Sofern wir unter Information die satzförmig gefügte und übermittelte Botschaft verstehen, die syntaktisierte Semantik, lassen wir uns intuitiv von ihr steuern, wenn wir automatisieren. Anders gesagt, lassen wir uns trotz unseres hohen Entwicklungsstandes von verhältnismäßig primitiven Entwicklungsformen steuern (vgl. D. M. Birjukov 8). Und wir halten dann irrigerweise eine Erhöhung des Speichervermögens oder der Querbeziehungen im Rechner für schöpferisch („Iskusstvennyj intellekt" 12). Wir stellen uns dann gar nicht mehr die Frage, woher die Fragen kommen, die zu beantworten wir uns gezwungen sehen. Wir sehen nur auf Empfang, Übergabe und Verarbeitung von Information, nicht aber auf deren Entstehung (E. I. Bojko 241). Damit setzen wir voraus, was wir erst einmal zu beweisen hätten, daß nämlich Entstehung von wie Umgang mit Information ebenso satzförmiger Art sind wie Verarbeitung und Vermittlung.

§ 60

Das für die westlich geprägte Wissenschaft typische Absehen vom Entstehungszusammenhang führt dazu, daß alle Erscheinungen gleichförmig erfaßt werden, nämlich als Daten. Die Welt reduziert sich auf eine Bedingung für die Entstehung von Daten, die dann nur rationell zu ordnen sind. Die führende sozialwissenschaftliche Theorie dieses Inhalts ist der Funktionalismus. Die Kybernetik wurde anfangs in der UdSSR denn auch als funktionaler Angang zu Prozessen der Steuerung (upravlenie) und der Optimierung komplexer dynamischer Systeme verstanden (I. B. Novik 39). Heute bemängelt man, daß „Funktionalismus" ein mehrdeutiger, verschwommener Begriff sei; eher eine diffuse Sozialtheorie als eine wissenschaftliche Methode (Kritika sovremennoj 22). Aus alledem folgt, daß man die sowjetische Rechts- und Verwaltungsinformatik nicht alleine durch das Raster westlicher Forschungs- und Sozialtheorien sehen darf.

Wenden wir uns jetzt der sowjetischen Rechts- und Verwaltungsinformatik selber zu: erst ihren allgemeinen Fragen (§§ 61 – 90), dann der Rechtsinformatik (§§ 91 – 120) und schließlich der Verwaltungsinformatik (§§ 121 – 150).

III.

Allgemeines zur Rechtskybernetik in der UdSSR

Zur Geschichte der Rechtskybernetik in der UdSSR

§ 61

Der Beginn der Kybernetik allgemein und der Rechtskybernetik insbesondere läßt sich, je nachdem, wie weit man in die Geschichte zurückgreifen möchte, bis auf die Anthropometrie des 19. Jahrhunderts, sogar bis auf Leibniz oder das Baseler Ratsmandat (T. G. Zujkov 48) zurückverfolgen oder gar noch weiter zurück. Beschränken wir uns hier auf die Entstehung der Rechtskybernetik in der Sowjetunion, und zeichnen wir diese ganz grob in der Weise nach, wie die sowjetischen Verfasser sie aufzeichnen: Gegen Ende der fünfziger Jahre, als die „Barriere des Nihilismus" (Osnovy primenenija 53) gegenüber der Kybernetik noch nicht ganz durchbrochen war, begann man zaghaft und vereinzelt, die Täteridentifikation statistisch zu betreiben und zu beschleunigen: Es waren zuerst die Kriminalisten, die versuchten, Sammlungen von Fingerabdrücken automatisch zu bearbeiten, Handschriften und äußere Erscheinungsbilder zu identifizieren. Die erste Arbeit eigens zu den Möglichkeiten der Kybernetik in der Theorie, der Praxis und der Unterrichtung des Rechts wurde 1960 veröffentlicht (Andreev/Kerimov, O vozmožnostjach).

§ 62

Einen gewissen Durchbruch in Richtung auf amtliche Anerkennung brachte im Jahre 1959 die Einrichtung der Sektion „Kybernetik und Recht" beim Gelehrten Rat für das Komplexproblem Kybernetik der Akademie der Wissenschaften der UdSSR. Ihr gehörten anfangs Lehrende und Lernende der juristischem Fakultät der Universität Leningrad an, später auch der Universität Moskau. Der erste Leiter dieser Gruppe war D. M. Kerimov. Außer diesen beiden Universitäten waren es vor allem Gelehrte aus Kiew und Tartu, dem vormaligen Dorpat in Estland, die die Entwicklung vorantrieben und auch heute noch vorantreiben. Der kollektiven Erörterung der neu aufgekommenen Fragen diente eine Reihe von Allunions-Konferenzen, die von der Sektion „Kybernetik und Recht" angeregt wurden. Auf der ersten Tagung 1962 in Moskau (Metodologičeskie problemy 5; Osnovy primenenija 45 – 60) wurden sechs Vorträge gehalten, auf der zweiten Konferenz im April 1966 schon zweiunddreißig. Der Kreis der Fragen erweiterte sich und umfaßte neben rein technischen zunehmend methodologische und prozessuale Gesichtspunkte, so z.B. auf der Tagung 1971. Die fünfte Allunionstagung 1975 widmete sich vor allem Fragen der automatisierten Steuerungssysteme, der ASU.

§ 63

Vom stürmischen Wachstum der Rechts- und Verwaltungsinformatik in der UdSSR zeugt vor allem die Entstehung neuer Einrichtungen, deren Stellenkegel schnell wuchs: Auf Beschluß des Staatskomitees für Wissenschaft und Technik beim Ministerrat der UdSSR wurden im September 1966 beim Allunions- (damals: Zentral-) Institut für gerichtliche Ermittlungen (VNIISE = Vsesojuznyj naučno-issledovatel'nyj institut sudebnych ėkspertiz) vier Laboratorien „rechtskybernetischen Zuschnitts" gebildet, und zwar für

1. Automatisierung des juristischen Auskunfts- und Informationsdienstes;
2. Kybernetische Methoden in der Kriminologie und Rechtsstatistik;
3. Automatisierung der gerichtlichen Forschungen;
4. Rechentechnik.

Im rechtskybernetischen Laboratorium arbeiteten 1978 elf Mathematiker, acht Ingenieure und - nur - ein Jurist, der zugleich Leiter war. Besondere Laboratorien wurden 1973 auch beim Allunionsinstitut zur Erforschung der Verbrechensursachen und Ausarbeitung von Maßnahmen zur Verbrechensbekämpfung bei der Staatsanwaltschaft der UdSSR gebildet, und zwar die folgenden vier Laboratorien für:

1. Erarbeitung allgemeiner Grundsätze der Schaffung von ASU bei den Staatsanwaltschaften;
2. Funktionale Subsysteme der ASU;
3. Informationssicherung;
4. Mathematische Ausstattung und technische Mittel.

Der Grundstock eines umfassenden Rechtsinformationssystems

§ 64

Von besonderer Bedeutung ist das dritte der drei großen Institute, die sich mit angewandter Rechtskybernetik befassen: Das Allunionsinstitut für wissenschaftliche Erforschung der sowjetischen Gesetzgebung (VNIISZ = Vsesojuznyj naučno-issledovatel'nyj institut sovetskogo zakonodatel'stva) beim Justizministerium der UdSSR. Hier sind 1973 zwei Sektoren gebildet worden, und zwar für

1. Gesetzgeberische Fragen der Automatisierung der Verwaltung und
2. Probleme der Rechtsinformatik.

Heute arbeitet bei diesem Institut eine Stelle, die dazu ausersehen ist, ein allgemeinstaatliches automatisiertes System der Rechtsinformatik vorzubereiten: (OGASPI = Obščegosudarstvennaja avtomatizirovannaja sistema pravovoj informacii). Es ist dies das wissenschaftliche Zentrum für juristische Information (NCPI = Naučnyj centr pravovoj informacii) (S. S. Moskvin, Sistema; weiter dazu und zum Vorhergehenden Osnovy primenenija 53 – 60). Errichtet wurde dieses Zentrum aufgrund der gemeinsamen Verordnung (VO = postanovlenie) des Zentralkomitees der KPdSU und des Ministerrats der UdSSR vom 25.06.1975, Nr. 558 (Sbornik postanovlenij SSSR 1975, Nr. 16, Art. 98) „Über Maßnahmen zur weiteren Vervollkommnung der Wirtschaftsgesetzgebung".

§ 65

Hauptaufgabe des wissenschaftlichen Zentrums für juristische Information (NCPI) ist die Registrierung (učet) von Rechtsakten. Diese Akte werden bislang bei den verschiedensten Stellen gesammelt, analysiert, verwendet und auch ausgetauscht, nämlich bei: den Abteilungen des Obersten Sowjets des Bundes und der Republiken; den Geschäftsstellen der Ministerräte des Bundes und der Republiken; den Ministerien und Zentralbehörden des Bundes und der Republiken; der Staatsanwaltschaft, den Gerichten und den Stellen der Innenministerien des Bundes und der Republiken; schließlich bei den Vollzugskomitees (Ispolkomy) der örtlichen Sowjets, bei Notar- und Schiedsgerichtsstellen sowie bei Betrieben, Einrichtungen und landwirtschaftlichen Zentren. Zu dieser Zersplitterung tritt die Riesenanzahl der zu erfassenden Rechtsakte: Allein in der Zeit von der Entstehung der Sowjetunion bis 1968 sind mehr als 450.000

Rechtsakte erlassen worden, von denen etwa 32.000 allgemeine Bedeutung haben (S. S. Moskvin, Sistema 119; Pravovaja informacija 10, 11). Derzeit werden an die. 3.000 Seiten Normativakte jährlich veröffentlicht, dazu an die 2.000 Seiten Ergänzungen und Änderungen (Osnovy pravovoj kibernetiki 35).

§ 66

Welche von den ungeheuer vielen Hoheitsakten Rechtsakte sind, die in den zentralen Info-Fonds aufgenommen werden sollen, ist eine schwierig zu beantwortende Frage. Man zählt zunächst hierher: die Gesetze des Bundes und der Republiken; die Erlasse (Ukazy) der Präsidien der Obersten Sowjets des Bundes und der Republiken; die Normativakte der Ministerräte sowie der Ministerien und Behörden des Bundes und der Republiken; die Normativakte der örtlichen Organe der Staatsmacht sowie der Zentralorgane der gesellschaftlichen Organisationen, zu denen auch die Partei zählt, in den gesetzlich vorgesehenen Fällen. Zwar gehören in diesen Zentralfonds nicht Angaben über die Rechtsanwendung von Behörden oder Gerichten. Doch unklar ist, welche Akte Rechtsakte sind. Anders gefragt, was heißt normativ? Was ist Merkmal von Rechtsakten allgemein? Diese Fragestellung greift auf die theoretischen Bemühungen in den fünfziger und sechziger Jahren zurück, die sowjetische Gesetzgebung zu klassifizieren (vgl. Teoreticeskie voprósy sistematizacii sovetskogo zakonodatel'stva, Red. S. N. Bratus', I. S. Samoščenko, Moskau 1962).

Die Arten der zu erfassenden Rechtsakte

§ 67

Es ging in der Diskussion um den Rechtscharakter auch von Plänen; eine Diskussion, wie sie ähnlich auch in der Bundesrepublik geführt wurde (dazu H. Rodingen Wirtschaftplanung und Rechtsordnung in der UdSSR und in der DDR, Dissertation Kiel 1968, 81 – 84). Die – heute noch ungeklärte – Hauptfrage war: Soll der Begriff der Norm beibehalten werden, wonach die Norm sich an alle wendet und allgemeine Anweisungen ausspricht, also generell und abstrakt ist? Oder soll der Normbegriff zu konkret-generellen Normen – wie Plänen hin – erweitert werden? Diese Erweiterung würde dem Umstand Rechnung tragen, daß die jährlichen Volkswirtschaftspläne grundsätzlich als Gesetze verabschiedet werden. Man war sich einig, daß Verfügungen (rasporjaženija) nicht zu den Normen zählen. Indessen konnte man lange Zeit der Benennung eines Aktes nicht entnehmen, ob es sich um Normativakte wie Gesetze, Verordnungen oder Erlasse handelte oder aber um Einzelverfügungen. Denn der Ministerrat der UdSSR erließ „Verfügungen", die unzweifelhaft Normativakte waren. Erst in letzter Zeit werden Normativakte des Ministerrates vornehmlich als Verordnungen erlassen. Daher schlägt man vor, alle von der Regierung und von den der Regierung gleichgestellten Stellen – z.B. dem früheren Wirtschaftsrat oder dem früheren Rat für Arbeit und Verteidigung – erlassenen Rechtsakte in den zentralen Info-Fonds aufzunehmen.

§ 68

Heute ist die schwierige Frage, was in den Grundfonds gespeichert werden soll, jedenfalls für die Bundesakte pragmatisch gelöst. Am 23.12.1970 (Verordnungsblatt der UdSSR 1971, Nr. 1 Art. 1) erließen das ZK der KPdSU und der Ministerrat der UdSSR die Verordnung Nr. 1.025 „Über die Verbesserung der juristischen Arbeit in der Volkswirtschaft". In dieser Verordnung wurde nicht nur das Zentrum für wissenschaftliche Information vorgesehen (S. S. Moskvin, Teoretičeskie problemy 2), sondern auch ein „Bulletin der Normativakte der Ministerien und Behörden der UdSSR" (Pravovaja informacija 58). Dieses Bulletin erscheint seit 1974, und was in ihm erscheint, soll in den Grundfonds des Rechtsinformationssystems aufgenommen werden. Ein automatisiertes Informations- und Suchsystem, das die Wiederauffindung der gespeicherten Rechtsakte verbürgen soll, wird z.Zt. vom Zentrum gemeinsam mit dem wissenschaftlichen Forschungsinstitut für Steuerungsmaschinen und -systeme in der Stadt Perm' erarbeitet (S. S. Moskvin, Sistema 131).

§ 69

Die Registrierung und Bearbeitung der im Zentrum registrierten Akte soll dem Zentrum selber vorbehalten bleiben; Vgl. VO des ZK der KPdSU und des Ministerrats der UdSSR vom 25.06.1975 „Über Maßnahmen zur weiteren Vervollkommnung der Wirtschaftsgesetzgebung" (Verordnungsblatt der UdSSR 1975, Nr. 16, Art. 98). Diese Zentralisierung wird mit Kostenersparnis und mit dem demokratischen Zentralismus begründet. Demokratischer Zentralismus bedeutet (Satzung der KPdSU, Moskau 1976, Ziff. 19; Verfassung der UdSSR, Moskau 1978, Art. 3):

1. Wählbarkeit der Organe von unten nach oben;
2. regelmäßige Rechenschaftslegung;
3. Verbindlichkeit der Beschlüsse der oberen Organe für die unteren;
4. – dies gilt nur für die Parteiorganisationen, nicht für die Räte –: strenge Parteidisziplin und Unterordnung der Minderheit unter die Mehrheit (Fraktionsverbot).

Offenbar wird mit der Zentralisierung das dornige Problem des bundesstaatlichen Aufbaus des Rätebundes angesprochen, daß man bezüglich der Rechnsinformatik so zu lösen trachtet:

Die Zuständigkeit der befaßten Stellen

§ 70

Das allgemeinstaatliche automatisierte System für Rechtsinformatik (OGASPI) arbeitet auf Bundes- oder Makroebene. Die automatisierten Subsysteme für Rechtsinformatik (ASPI = Avtomatizirovannye sistemy pravovoj informacii) werden auf Republik-, Zweig- und Funktionalebene eingerichtet. Zweige sind Wirtschaftszweige wie etwa die Land- und Forstwirtschaft. Funktionen sind umfassende Sonderaufgaben wie etwa die materiell-technische oder die Geldversorgung. Die republikanischen Rechtsinformationszentren sollen den Justizministerien der Republiken unterstellt werden, aber auch einigen Allunions-Vereinigungen. Ist für den betreffenden Zweig oder die betreffende Funktion ein Unionsrepublikanisches Ministerium auf Bundesebene vorgesehen, so untersteht das Informationszentrum den entsprechen Republik-und zugleich Unionsrepublikanischen Ministerien (Art. 135 Abs. 1 und 3 der Verfassung der UdSSR; S. S. Moskvin, Sistema 130). Kurz gesagt: Aufgabe der Subsysteme ist nur die Informationsvermittlung, nicht -verarbeitung. Diese obliegt dem Bundeszentrum.

§ 71

Das Bundeszentrum soll Informationen an Abonnenten weitergeben. Es soll nicht die republikanischen Zentren ablösen. Das ist jedenfalls die Ansicht, die 46 von insgesamt 68 Bundesministerien und -behörden vertreten, die dazu befragt wurden. Zu den Grundaufgaben des Bundeszentrums gehören: die allgemein verbindlichen Akte des Bundes zu be- und verarbeiten, die staatlichen und gesellschaftlichen Bundesorgane und die Organe der Republiken sowie die Staatsanwaltschaften und Obersten Gerichte des Bundes und der Republiken mit juristischer Information zu versorgen; die allgemein verbindlichen Akte an maschinelle Träger der Informationszentren des Bundes und der Republiken weiterzugeben. Hauptaufgabe der im Gefüge von Bundesstellen gebildeten Zentren auf Republikebene ist die Weitergabe von Information, die im Bundeszentrum verarbeitet wird, sowie die Weitergabe von Sachhinweisen an ihren Abonnentenkreis. Nur in Bezug auf Akte republikanischer Bedeutung und Tragweite sollen die bei den republikanischen Justizministerien gebildeten Zentren die Befugnis des Bundeszentrums erhalten: nämlich Informationen zu verarbeiten (S. S. Moskvin, Teoretičeskie problemy 14 – 15).

§ 72

Neben der Frage, was gespeichert werden soll, steht die, wie gespeichert werden soll: Sollen nur die Fundstellen (Adressen) der Normativakte angegeben werden, so z.B. Überschriften, Artikel und Absätze samt der Angaben über deren Änderung und Aufhebung (dokumental'naja sistema)? Oder sollen nähere Angaben über den Norminhalt gemacht werden, so etwa über die Klagfrist, die Sanktion, die Haftung bei Nichtlieferung und ähnlichem (faktografičeskaja sistema)? Faktographische Systeme sind zwar vollständiger als dokumentarische. Doch genügen für die Praxis dokumentarische, weil vier Fünftel aller Anfragen der Einrichtungen und Betriebe sich auf Fundstellen beziehen (S. S. Moskvin, Sistema 132; ders. Teoretičeskie problemy 17). Man ist geneigt, sich an diesem Bedarf der Benutzer zu orientieren, den man durch Sichtung der bisherigen Anfragen, durch Fragebögen und Interviews zu erfassen hofft. Andererseits ist die Normierung der wichtigsten Rechtsgebiete abgeschlossen, was eine faktographische oder sogar eine Volltextspeicherung nahelegt.

Der Bezug der Gesetzgebung zur Rechtskybernetik

§ 73

Die beiden letzten Jahrzehnte standen im Rätebund im Zeichen einer umfangreichen Gesetzgebung, die die wichtigsten Rechtsgebiete normierte. Es ergingen zuerst Bundesgesetze, die die Grundlagen für die von den Republiken zu verabschiedenden Gesetzbücher festlegten. Auch die Verfassungsgesetzgebung in den Jahren 1977/78 verlief so. Insgesamt dauert dieses Gesetzgebungsverfahren ein bis drei Jahre. So wurden folgende Gebiete geregelt:

Strafrecht	1958 bis 1960;
Zivilrecht ohne Familienrecht	1961 bis 1964;
Gerichtsverfassung	1958 bis 1961;
Strafverfahrensrecht	1958 bis 1961;
Zivilprozeßrecht	1961 bis 1964;
Bodenrecht	1968 bis 1971;
Kolchosrecht	1969;
Familienrecht	1968 bis 1970;
Arbeitsrecht	1970 bis 1973.

An neu hinzugetretenen Rechtsgebieten, die früher durch Behördenakte geregelt wurden, sind zu nennen: das Arbeitserziehungsrecht, das dem bundesdeutschen Strafvollzugsrecht entspricht, 1969 bis 1971; weiter das Gesundheitsrecht, das Wasserrecht und das Bildungsrecht (S. S. Alekseev 35, 36), – alles Rechtsgebiete, die Anfang der siebziger Jahre geregelt wurden.

Bei dieser stürmischen Gesetzgebungstätigkeit blieb es nicht aus, daß Lücken und Doppelungen entstanden, so etwa im Straf- und Vertragsrecht, und es gehört zu den Hauptaufgaben des Bundeszentrums für Rechtsinformatik, diese Fehler zu beseitigen und gute Vorschläge zu erarbeiten (V. N. Kudrjavcev, O programmirovanii 93, der Lücken zwischen Art 90 I und II und 91 des StGB der RSFSR feststellt, und A. A. Kantarchiev 16).

§ 74

Vom Standpunkt der Benutzer aus indessen scheinen weniger in den Kerngebieten des Rechts Unsicherheiten zu bestehen wie etwa dem Straf-, Zivil-, Verfahrens- oder Staatsrecht, sondern eher in den folgenden, mehr technischen Rechtsgebieten, zu denen in der UdSSR auch das Arbeitsrecht zählt:

Arbeit;
Allgemeine Fragen der Volkswirtschaft;
Investition und Reparatur;
Geld und Kredit;
Industrie;
Staatliche Sozialversicherung und Sozialhilfe;
Wissenschaft;
Wohnungs- und Gemeindewirtschaft;

Amtshaftung;
Verkehr.

Und so sind es denn auch diese Gebiete, in denen Erfahrungen gesammelt wurden, die schon länger zurückliegen. Das große Beispiel, das im sowjetischen Schrifttum immer wieder angeführt wird, ist hier das Forstrecht. Beim Ministerium für Holz- und Forstwirtschaft der UdSSR arbeitet ein Rechtsinformationssystem, das in vieler Hinsicht Piloten- und Pionieraufgaben erfüllt hat. Auf mehr allgemeiner Ebene ging unter den fünfzehn Sowjetrepubliken die kleinste voran: die Estnische Republik, die es unternahm, die gesamte republikanische Gesetzgebung zu formalisieren und zu automatisieren.

§ 75

Das Verdienst, die ersten Schritte gegangen zu sein, kommt den Universitäten von Leningrad und Tartu (Dorpat) sowie dem wissenschaftlichen Forschungsinstitut für gerichtliche Ermittlung zu. Im letztgenannten Institut wurden Programme und Algorithmen entwickelt: erst für das Sozialversicherungsrecht, dann für Teile des Arbeitsrechts und schließlich für das Recht der Holz-und Forstwirtschaft (Osnovy pravovoj kibernetiki 35, 36). Bleiben wir bei diesem Bereich: Hier sind 1.417 Akte gespeichert, die in den Jahren 1924 bis 1972 zur Holz- und Forstwirtschaft der UdSSR erlassen wurden. Auf Magnetband wurden über 77.000 Fundstellen samt Deskriptoren gespeichert. Die Fundstellen verweisen unter anderem auf Überschriften von Akten, in denen wiederum auf die Daten des Erlasses, des Außerkrafttretens und ähnlichem verwiesen wird. Die Vollständigkeit soll hier zu 98%, die Genauigkeit zu 84% erreicht sein (A. Šljachov 28; Osnovy pravovoj kibernetiki 156). Vollständigkeit mißt, ob die Akte, die Auskunft geben, verzeichnet sind. Und Genauigkeit mißt, ob dem Anfrager die gewünschten Antworten gegeben werden. Die Ausdrücke „Vollständigkeit" und „Genauigkeit", so einfach sie klingen, weisen indessen auf erhebliche Schwierigkeiten hin. Die erste Schwierigkeit ist, geeignete Stichwörter (Deskriptoren) zu finden, mit denen die abgelagerten Fundstellen und Teilangaben erschlossen werden können.

Der Aufbau eines Suchwörterstocks (Thesaurus)

§ 76

Der Deskriptor ist ein Ausdruck, durch den eine Veröffentlichung aufgefunden werden kann. „Der Deskriptor tritt als Vertreter einer Klasse bedingter Äquivalenz auf" (Pravovaja informacija 80, 97). Hiermit tritt aber zugleich das Problem einer „parasitären Verknüpfung" auf: Auf Abruf können ganz unerhebliche Daten ausgegeben werden, und die ungelöste Kernfrage bleibt „das Problem einer logischen Semantik" (Osnovy primenenija 84). Deskriptoren, Stichwörter sollen nicht nur die Wissenschaft photographieren (Osnovy pravovoj kibernetiki 32), sondern über „semantische Kraft" verfügen (ebenda 148). Deskriptoren sollen „fähig sein, gänzlich den Sinn der Mitteilung zu übergeben". Dazu bedient sich das Stichwort des Schlüsselworts (ključevoe slovo). Das heißt: Jedes Stichwort steht zu allen anderen Stichwörtern in einem bestimmten Verhältnis, und jedes Stichwort führt eine Liste von Schlüsselwörtern bei sich. Folglich besteht die Zusammenfassung all dieser Wörter, der Thesaurus oder Suchwörterstock, aus:

1. den Deskriptoren und deren Bezug untereinander,
2. den den Deskriptoren zugeordneten Schlüsselwörtern (Osnovy primenenija 189; Pravovye problemy ASU 110).

§ 77

Üblicherweise zerfällt der in der Rechtsinformatik übliche Thesaurus in einen systematischen Teil, der die Bezüge unter den Deskriptoren angibt, und in einen lexikalischen, der die Bezüge der Deskriptoren zu den Schlüsselwörtern offenlegt (S. N. Jusupov, Informacionno-poiskovyj jazyk 11). Man hofft, durch Offenlegung der Bezüge zwischen Stich- und Schlüsselwörtern unter sich und wechselseitig den Sinngehalt eines Textes einzufangen. Dies gelingt selbstredend im besten, wenn die Suchwörter selber im Text vorkommen, woher denn auch überwiegend die Wörter als Suchwörter verwendet werden, die im Text häufig vorkommen. Doch da selten der volle Text gespeichert wird und da in der Regel der Sucher nicht die Ausdrücke des Textes kennt, den er ja gerade sucht, muß er sich vertretender Begriffe bedienen, muß er sich fragmentarische „Begriffsmuster" ausdenken (S. N. Jusupov, Tezaurus 118), mit deren Hilfe er den Zugriff versuchen kann. Die Erstellung dieser Informations-Suchsprache (IPja = Informacionno-poiskovyj jazyk) ist ein ungemein verwickeltes Geschäft. Denn sie will nicht nur wie die herkömmliche Klassifikation nach Stichwörtern hierarchische Gliederungen erschließen, sondern auch die (paradigmatischen) Sinnbezüge der im Suchwörterstock enthaltenen Ausdrücke unter sich.

§ 78

Kehren wir nun zum Informationssystem der Forst- und Holzwirtschaftsgesetzgebung zurück, und schauen wir uns an, wie in etwa der Thesaurus hier aufgebaut ist: Er enthält Stich- und Schlüsselwörter. Die für das Dokument typischen Bezüge werden zwischen den Deskriptoren festgehalten. Diese Bezüge sind logischer oder assoziativer Art. Logisch ist etwa der Bezug von der Gattung zur Art. Dieser wird mit den Worten „vom Deskripor ..... zum Deskriptor .....” ausgedrückt. So fällt z.B. unter den Deskriptor „Forstfrevel” (lesonarušenie) der leichte Forstfrevel. Dieser geht zum Deskriptor „rechtswidriges Baumfällen” und geht vom Deskriptor „Gesetzesverletzung”. Assoziativ sind die Deskriptoren etwa nach folgenden Bezügen verknüpft:

Ursache – Wirkung;
Handlung – Erfolg;
Subjekt – Prädikat (Verb) – Objekt;
Widerspruch und ähnlichem.

Hier indessen, wo es nicht nur um bloße Klassifikation geht, sondern so etwas wie Bedeutung hineinspielt, wird es problematisch:

Versuche zum Aufbau von Thesauri

§ 79

Unter semantischem Aspekt ist der Thesaurus der Forst- und Holzwirtschaft dreistufig. Die erste Stufe nennt sechs Bereiche, und zwar:

Das staatliche Gefüge,
die Gesetzgebung,
die Land- und Forstwirtschaft,
andere Wirtschaftszweige und Arbeitsregelungen,
Einrichtungen und Stellen,
schließlich allgemeine Begriffe.

In der letzten Rubrik sind vier, in der Rubrik Wirtschaftszweige und Arbeitsregelungen sechsundzwanzig Deskriptoren angeführt. Alle Deskriptoren werden dann auf der zweiten Stufe ausgewiesen. Und auf der dritten Stufe werden

Hinweise gegeben, wie die Schlüsselwörter der aufgeschlüsselten (indexierten) Akte in die Deskriptoren des Thesaurus zu übersetzen sind (Pravovaja informacija 91). Das Problem der richtigen Sinnfindung setzt bei derart aufgebauten Thesauri oder Suchwörterstöcken schon bei der Herausfilterung der Suchwörter ein, also bei der Indexierung. Hier möchte man ganz pragmatisch vorgehen. Was z.B. für die Holzwirtschaft wichtig ist, so z.B. „Waldpark" (lesopark) oder „Flurschützende Bewaldung" (polezaščitel'nyj les) braucht keine Bedeutung etwa fürs Strafrecht zu haben (Pravovaja informacija 95). Es ist dies ein wichtiger Gesichtspunkt, von dem aus deutlich wird, daß der Aufbau eines Suchwörterstocks für die ganze Rechtsmaterie auf beträchtliche zusätzliche Schwierigkeiten stößt.

§ 80

Der Aufbau eines umgreifenden juristischen Suchwörterstocks soll nun an den Versuchen verdeutlicht werden, die im Estland geltenden Normativakte maschinell zu erfassen und zu bearbeiten. Estland, mit 1,45 Millionen Einwohnern nach Turkmenistan mit 2,7 Millionen die kleinste der Sowjetrepubliken, spielt gleichwohl in der Entwicklung der sowjetischen Rechtskybernetik eine nicht zu unterschätzende Rolle. In Estland versuchte man, eine Suchsprache auf der Grundlage der „chronologischen Sammlung' der Gesetzgebungsakte der Estnischen SSR und mit Hilfe des Rechners „Ural 14" aufzubauen (Osnovy primenenija 194). Den Sammlungen sind alljährliche Register beigegeben, in denen die Materien alphabetisch angeführt sind. In den Jahren 1963/1964 versuchte man im Sektor Recht beim Institut für Wirtschaft der Estnischen Akademie der Wissenschaften, die sieben Sammlungen der Jahre 1955 bis 1961 mit Hilfe der Register zu erfassen. Es wurden über 1.000 Dokumente indexiert. Die Deskriptoren wurden nach vorläufiger Durchsicht und Befragung von etwaigen Benutzern zunächst versuchsweise festgesetzt. Im einzelnen ging man dann so vor:

§ 81

In Estland ging man zunächst mit 800 Deskriptoren ans Werk, die dann auf 562 reduziert wurden. Nachdem 143 Akte indexiert waren, stellte sich heraus, daß die Anzahl der Deskriptoren auf 723 erhöht werden mußte, bei 1.071 Akten indessen nur auf 798. Überschlägig kam man zu dem Schluß, daß mit 500 Wörtern an die 70% der Texte erschlossen wurden, mit 1.000 Wörtern 80% der

Texte. Jedes weitere Tausend an Wörtern würde nur noch ganz unbeträchtlich den Erschließungsgrad erhöhen. Indessen ist oft 100%ige Erschließung geboten. Denn es könnte sein, daß das nicht erschlossene Dokument die anderen aufhebt oder entscheidend verändert (Pravovye problemy ASU 107). Kriterien für die Auswahl der Deskriptoren waren:

Verwendungshäufigkeit,
Verbindung zu schon gewählten Deskriptoren,
Genauigkeit,
Verbreitetheit.

Dieses letzte Merkmal gilt vor allem für Mehrwort-Deskriptoren. Von mehreren Gleichbedeutern (Synonymen) wurde einer Deskriptor, der aber zugleich auf seine Synonyme verwies. Gleichlauter dagegen (Homonyme) haben oft von Zweig zu Zweig unterschiedliche Bedeutung. Hier bringt, so hoffte man, die Gliederung der Deskriptoren nach Rechtszweigen, sofern homonyme Deskriptoren auf ihre zweigspezifische Bedeutung verweisen, in der Regel den Sucher auf die richtige Spur (Pravovye problemy ASU 110 – 112).

Die Gliederung der Stich- und Schlüsselwörter

§ 82

Das Problem der richtigen Indexierung würde entschärft, wenn, wie in Estland angestrebt, die Akte im Volltext gespeichert würden. Denn dann würde die Suchsprache nur die im Text selber enthaltenen Wörter ausweisen. Dabei sollte die Zahl der Stichwörter möglichst klein sein, die Zahl der Schlüsselwörter aber könnte wachsen, da die Rechner immer leistungsfähiger werden. Kommt etwa auf fünfzig bis hundert Textwörter nur ein Indexwort, so läuft die Indexierung Gefahr, unhandlich und abstrakt zu werden. Nach diesen Überlegungen wurde in Estland ein Thesaurus erarbeitet, der aus drei Teilen besteht:

1. den Deskriptoren samt ihrer Synonyme und Bezüge mit Ausnahme von
2. der hierarchischen Gliederung von Deskriptoren, die bis zum allgemeinsten und umfassendsten Deskriptor die erfaßten Deskriptoren in alphabetischer Reihenfolge enthält, und
3. der Aufzählung der Wörter des Thesaurus mit Hinweis auf die Deskriptoren, bei denen das Wort zu finden ist.

Teil eins war mühsam zu erstellen, die Teile zwei und drei leichter, da teilweise automatisierbar. Die Einwort-Ausdrücke machen 78%, die Zweiwort-Ausdrücke 19% und die Mehrwort-Ausdrücke 3% aller Termini aus (S. G. Kull' u.a. 55 – 57).

§ 83

In den Grundstock der Estnischen Gesetzesregistrierung wurden zunächst alle juristisch bedeutsamen Ausdrücke der Texte sowie der Rechtstheorie aufgenommen. Ausgeschaltet wurden weite Begriffe wie „Stoff", „Gebiet", „Pflicht" oder „Hilfe". Bei Einrichtungen mit unterschiedlichen Bezeichnungen wurden die Namen wie Synonyme behandelt, desgleichen die Abkürzungen. Schwierig zu erfassen waren Zeitwörter, die für sich rechtlich nicht bedeutsam sind wie: „steigern", „ausführen", „aufbewahren" oder „erörtern", die aber juristische Bedeutung erhalten in Wendungen wie „die Qualifikation steigern", „ die gerichtliche Entscheidung ausführen", „Dokumente aufbewahren", „die Angelegenheit erörtern". Daher waren solche Zeitwörter samt ihres Beziehungsreichtums mit aufzunehmen. Nachdem die drei Rechtsgebiete Zivil-, Straf- und Verwaltungsrecht mit ihren je 4.000 bis 5.000 Seiten bearbeitet waren, hat man für jedes einzelne dieser Gebiete 6.000 bis 8.000 Wörter in den Thesaurus eingestellt. Als man dann die Wiederholungen ausgemerzt und die Bezüge klargestellt hatte, schrumpfte der Suchwörterstock auf insgesamt 12.000 Wörter. Am Ende stellte man die Grundbezüge heraus, die nicht nur der Auffindung, sondern auch der logischen Bearbeitung des Textmaterials sowie der Verfeinerung und Bereinigung der Rechtssprache dienen sollen:

§ 84

Die neun Grundbezüge des Thesaurus des Estnischen Gesetzesregisters sind:

1. Gleichlauter ($=$).
   Der Schwierigkeit, daß im Estnischen bei Biegung und Beugung sich nicht nur die Endung, sondern auch die Wurzel ändert, suchte man durch Einspeisung der Wurzelverformungsregeln zu begegnen;
2. Gattung - Art ($>$);
3. Teil - Ganzes ($\in$).
   Hier waren z.T. Metatermini nötig, so z.B.: Geld_1 = Geld allgemein, Geld_2 = echtes Geld und Falschgeld;
4. Verneinung ($\neq$).
   Hier ist nur die logische Ausschließlichkeit gemeint wie Erscheinen/Nichterscheinen, vorbestraft/nicht vorbestraft, nicht aber Paare wie klein/groß, moralisch/ amoralisch;
5. Funktion ($\rightarrow$).
   Z.B. Käufer – Kauf, Totschlag – Tod;
6. Unterordnung ($\Rightarrow$).

Dies deswegen, weil dem Namen der Einrichtungen nicht abgesehen werden kann, zu welchem Behördengefüge sie zählen;

7. Juristisch bedeutsamer Bezug (≂).
   Z.B. Krankenschein - zeitweise Arbeitsunfähigkeit;
8. Assoziativer Bezug (~).
   Z.B. Wohnsitz – Aufenthaltsort, Ersatz – Erstattung, Ehescheidung – Ehe;
9. Nullverbindung (ohne Zeichen).
   Z.B. „Unterschrift" in Verbindungen: sich weigern zu unterschreiben, Echtheit der Unterschrift, Ersetzung der Unterschrift. Der Benutzer soll hier auf eingebürgerte Wendungen der Rechtssprache hingewiesen und befähigt werden , die richtige Frage zu stellen, also nicht etwa statt Weigerung „Absage" oder „Sträuben" oder dergleichen Ausdrücke zu verwenden.

Die maschinelle Ausstattung

§ 85

Bevor wir die sowjetische Einschätzung der Versuche schildern, die auf dem Gebiet der Forst- und Holzwirtschaft für das gesamte Bundesgebiet sowie in Estland für ein allgemein juristisches republikanisches Informationssystem unternommen wurden (dazu §§ 116 bis 120 unten), wollen wir uns ein wenig die technische Basis ansehen und fragen, mit welchen Maschinen und Programmen man ans Werk ging. Auch hier wieder wird es bei einem mehr allgemeinen Überblick sein Bewenden haben müssen. Denn einmal liegt der Schwerpunkt dieser Abhandlung auf dem juristisch-sozialwissenschaftlichen Gebiet, weniger auf dem technisch-mathematischen. Und zum anderen gibt es zum technisch-mathematischen Aspekt sowjetische Zusammenfassungen (vgl. etwa L. P. Krajzmer), die sich von den entsprechenden westlichen Darstellungen nicht so stark unterscheiden wie etwa die jeweiligen Rechts- und Sozialordnungen, auf denen ja die Rechts- und Verwaltungs-Informationssysteme beruhen. Es ist daher informativer, sich diese unterschiedlichen Ordnungen zu vergegenwärtigen und die Technik nur zu deren Verständnis heranzuziehen als umgekehrt die Technik zum Ausgang zu nehmen.

§ 86

Zunächst sind die Maße gleich. Ein Bit bezeichnet eine Ja–Nein-Entscheidung, ein Byte eine Gruppe solcher Entscheidungen, in der Regel eine Achtergruppe

(Nemecko-russkij slovar 85, 89: Osnovy pravovoj kibernetiki 107). Ein Buch von etwa 500 Seiten enthält etwa eine Million Bytes. In Bytes wird vor allem das Speichervermögen gemessen. Eine elektronische Rechenanlage (ĖVM = ėlektronnaja vyčislitel'naja mašina) enthält: das Eingabe-, das Rechen-, das Speicher-, das Steuer- und Ausgabewerk sowie das Pult für Handsteuerung. Der Rechner arbeitet immer auf der Basis 2. Ein- und Ausgabegeräte dagegen arbeiten öfters auf der Basis 8 oder 16. Träger sind Lochkarten und Lochbänder (Lochstreifen) sowie Magnetbänder, jedenfalls bei Geräten der zweiten Generation, mit denen die grundlegenden Experimente in der UdSSR angestellt wurden. Derzeit werden Rechner der dritten Generation eingeführt, die mit Mikroelementen statt mit Transistoren arbeiten und die sich durchweg elektromagnetischer Träger bedienen.

§ 87

Eine ungefähre Vorstellung von der Leistungsfähigkeit dreier Anlagen der zweiten Generation liefert die folgende Gegenüberstellung der Rechner Ural–14, Besm–4 und Minsk–22.

Merkmale	Ural 14	Besm 4	Minsk 22
Mächtigkeit des Arbeitsspeichers (OZU) = operativnoe zaponimajuščee ustrojstvo)	8192 Wörter kann auf 65.536 erhöht werden	8192 Wörter	8192 Wörter
Mächtigkeit des externen Speichers	1 Million Wörter kann auf 16 Mill. erhöht werden	8 Millionen Wörter kann auf 16 Mill. erhöht werden	1 Millionen Wörter kann auf 5 Mill. erhöht werden
Ausgabegeschwindigkeit (in Zeilen zu je 128 Zeichen)	400 Zeilen je Minute kann auf 3.200 Zeilen je Minute erhöht werden	300 Zeilen je Minute	400 Zeilen je Minute
Eingabegeschwindigkeit	3.500 Karten je Minute	1.700 Karten je Minute	300 Karten je Minute
Arbeitsgeschwindigkeit	40.000 Operationen je Sekunde	20.000 Operationen je Sekunde	5.000 – 6.000 Operationen je Sekunde

Einen Engpaß bildet die Peripherie, vor allem die Eingabe. Denn da muß noch der Text des Dokuments auf Lochstreifen übertragen und kann erst danach in die Maschine eingegeben werden. Dieser Engpaß soll nun durch Einführung von Leseautomaten überwunden werden (Pravovaja informacija 113). Die Mächtigkeit des Arbeitsspeichers dagegen ist auf Dutzende von Kilobytes (1 Kilobyte = 1024 Bytes) gesteigert worden (N. M. Šarunenko 5).

Die Programmierung

§ 88

Die Einspeicherung und der Abruf von Dokumenten erfolgten mit Hilfe zweier Massive: nämlich denen des Aktiv- und des Passivspeichers. Der Aktivspeicher enthält die Suchmuster und entweder die Dokumente / Dokumentenfundstellen oder aber, sofern diese im Passivspeicher eingelagert sind, deren Adresse im Passivspeicher. Dem Passivspeicher werden die Dokumente über den Aktivspeicher entnommen. Gesucht wird also nur im Aktiv-, nicht aber im Passivspeicher (L. P. Krajzmer 175). Die einzelnen Stufen der Ein- und Ausgabe sind: Das Dokument wird sinngemäß zusammengefaßt und nach bestimmten Regeln, die algorithmiert sein können, umgeformt. Danach entscheidet ein anderer Umformer, ob das Dokument samt Platznummer im Aktiv- oder Passivspeicher abgelagert wird. Zugleich werden die Platznummer und Suchmuster vorübergehend im Arbeitsspeicher eingelagert. Dann wird das Dokument so umgeformt, daß es in den Aktiv- oder Passivspeicher paßt und, sofern in den Passivspeicher, mit einer neuen Platznummer versehen. Das Dokument wird dann in den Aktiv- und, sofern dafür vorgesehen, auch in den Passivspeicher eingelagert. Die Einlagerung im Arbeitsspeicher wird gelöscht. Die Suche erfolgt dann entsprechend über Eingabegerät, Umformer, Arbeitsspeicher und eine Vergleichsstelle, die die Suchmuster kombiniert, bis das Ausgabegerät die Antwort aus dem Aktiv- oder Passivspeicher ausweist.

§ 89

Da sich an diesem System bis heute nichts Grundsätzliches geändert hat, lohnt es sich, es eingehender anhand des Suchsystems Pravo–1 darzustellen, das an der Rechenanlage Minsk–22 entwickelt worden ist. Als Normgrundstock dienten: das Gesetz über die Staatsrenten und die Verordnungen über die Ordnung der Berechnung und Auszahlung der Staatsrenten; Normen über die Haftung von

Arbeitern und Angestellten für den durch sie den Betrieben und Einrichtungen zugefügten Schaden; diese Normen sind in 13 Akten mit 61 Artikeln enthalten (vgl. die jetzige VO vom 13.07.1976, Bulletin der Normativakte der Ministerien und Behörden der UdSSR 1977, Nr. 6, S. 3 „Über die materielle Verantwortlichkeit der Arbeiter und Angestellten für den dem Betrieb, der Einrichtung und der Organisation zugefügten Schaden." Der umgekehrte Fall der Amtshaftung ist, obgleich Verfassungsauftrag, im Jahre 1978 noch nicht geregelt, vgl. E. A. Prjanišnikov, Semiotika 95); schließlich die Artikel, die in den Grundlagen zum Zivil- und Strafrecht sowie zum Zivil- und Strafverfahrensrecht vom Bund und in den entsprechenden Gesetzbüchern von der RSFSR erlassen wurden. Insgesamt waren das 10 Akte mit etwa 2.000 Artikeln. Auf dem Hintergrund dieser Vorarbeiten entstand dann das schon erwähnte automatische Suchsytem für die Wald- und Forstwirtschaft.

§ 90

Die hier zu erörternden Einzelheiten indessen gehören schon eher in den Bereich der Rechtsinformatik als in den der Verwaltungsinformatik. Denn es handelt sich um Fragen der Textverarbeitung und damit um die Steuerung des Verhaltens oder um die Beeinflussung der Haltung von Menschen. Die Verwaltungsinformatik ist dagegen schwerpunktmäßig auf Steuerung stofflicher oder vergegenständlichter Abläufe ausgerichtet, so etwa auf die Planung von Verkehrswegen oder auf die Ausnutzung von Ausrüstungen (Pravovye problemy ASU 61). Zwar wird dies beklagt, aber mehr unter dem Aspekt, daß Rechtsinformatikfragen in der Verwaltungsinformatik oft nicht gesehen oder unterbewertet werden. Aber es wird nicht geleugnet, daß die Verwaltungsinformatik auf andere Vorgänge abzielt als die Rechtsinformatik. In Begriffen der sowjetischen Staatslehre gesprochen, fällt die Verwaltungsinformatik eher unter die wirtschaftlich-organisatorische Aufgabe des sozialistischen Staates, die Rechtsinformatik dagegen, vor allem das Strafrecht, unter die kulturell-erzieherische Aufgabe. Die Fragen der Verwaltungsinformatik sind eher quantifizierbar als die Fragen der Rechtsinformatik, woher denn auch die weitgehend quantifizierbare Identifikation des Straftäters eher unter die Verwaltungsinformatik fällt als unter die Rechtsinformatik. Daher wollen wir die Darstellung trennen und zunächst die Rechtsinformatik weiter verfolgen.

IV.

Die Rechtsinformatik insbesondere

Die Erstellung eines Thesaurus im Experiment

§ 91

Die Experimente im Rahmen der Versuchsserie „Pravo–1" wurden auf „Minsk–22" durchgeführt, einem Rechner der zweiten Generation. Da der Speicher von Minsk–22 recht begrenzt ist, wurden die Fundstellen der Akte aufgenommen, nicht aber der Volltext. Für die Erstellung, die Abfrage und die Abänderung des Systems wurde je ein Blockschaltbild entworfen. Das erste Blockschaltbild zerfiel in 8, das zweite in 6 und das dritte wieder in 8 Blöcke. Wir wollen hier nur auf die Erstellung und die Abfrage näher eingehen und das Blockschaltbild für die Abänderung auslassen. Betrachten wir zunächst die Blöcke für die Erstellung des Systems:

1. Zusammenstellung der Suchwörter / Suchwörter auf Vordrucke.
2. Zusammenstellung des Wörterbuchs (Aktivspeichers) / Tabellierung.
3. Markierung des Wörterbuchs für die Eingabe in die Rechenanlage.
4. Stanzung des Wörterbuchs / Wörterbuch auf Lochkarten.
5. Stanzung der Dokumenttexte / Text auf Lochband.
6. Eingabe des Textes / Text auf Magnetband.
7. Eingabe des Wörterbuchs / Wörterbuch auf Magnetband.
8. Ausdruck des Textes und des Wörterbuchs zur Kontrolle / Wörterbuch und Text numerisch drucken (dazu und zum Folgenden Pravovaja informacija 130 - 142).

§ 92

Zum ersten Block ist zu bemerken:
Die Indexierung schließt damit, daß jedem Artikel sein Suchmuster zugeordnet wird. Das Suchwort ist eine lexikalische Einheit der Suchsprache. Weiter enthält jeder Artikel seine neunstellige Platznummer. So ist z.B. in 00001 0981: 00001 die Nummer des Rechtsaktes, 098 die Nummer des Artikels im Akt und 1 die Nummer des Absatzes. Es können also 99999 Rechtsakte erfaßt werden, unter einer Einschränkung allerdings: Das aus ihnen erstellte Wörterbuch darf nicht

mehr als 12 Bandantriebe beanspruchen. Denn das Programm „Wörterbuch“ hat 12 Bandantriebe zu je 122000 Speicherzellen zur Verfügung. Im Aktivspeicher ist jedem Stichwort eine Untermenge von Artikeln der Normativakte eindeutig zugeordnet.

Zum Block 2 ist zu sagen:
In der Tabelle erscheint hinter jedem Suchwort die Platznummer der gesuchten Vorschrift, so etwa bei „Wiederaufforstung“: 0005 0060 / 01287 0010, was bedeutet: Von Wiederaufforstung ist die Rede im Rechtsakt 00005, Artikel 006 und im Rechtsakt 01287 Artikel 001. Neben dem Wörterbuch oder Aktivspeicher wird der Passivspeicher erstellt, der die Überschriften der einzelnen Rechtsakte enthält.

§ 93

Block 3 und 4:
Das Wörterbuch wird im Neuner-Code der Anlage auf 80-spaltige Lochkarten gestanzt. Jedes Stichwort wird durch eine Ordnungszahl auf der Basis 8 markiert. Am Ende der Aufzählung aller zugeordneten Artikel wird die Konstante 77777777 gesetzt. Danach werden einige Stellen für neu hinzukommende Platznummern freigehalten. Die anfangs von Hand durchgeführte Markierung wurde später automatisiert. Durch das entsprechende Programm wurde zugleich die Richtigkeit der Markierung überwacht.

Block 5 und 6:
Der Passivspeicher, also der Text der Überschriften der Rechtsakte, wird im internationalen Code M–2 auf Lochband gestanzt. Vorsorglich wird vermerkt, wo die Zeilen anfangen und aufhören. Mit Hilfe des Programms „Text“ wird der Passivspeicher aufs Magnetband eingelesen. Zugleich wird eine Hilfstabelle erstellt, die die Nummern der Akte enthält, desgleichen die Adressen der Aktüberschriften auf dem Magnetband. Das aus 62 Schritten bestehende Programm „Text“ sieht zugleich die etwaige Vervollkommnung oder Abänderung der Überschriften vor. Es kann auch in Notfällen nicht nur die Überschriften, sondern auch den Text der Artikel einlesen.

Struktur und Arbeitsweise des Wörterbuchs

§ 94

Im Rahmen der Versuchsserie „Pravo–1" wurde im Block 7 des Blockschaltbildes zur Erstellung des Thesaurus das Wörterbuch in den Rechner eingelesen. Dies geschah so: Die mit der Ordnungszahl auf der Basis 8 codierten Deskriptoren verweisen zunächst auf ihren Platz auf dem Magnetband. Wenn etwa ein Deskriptor mit $64_{10} = 100_8$ codiert ist, so findet man z.B. unter 00000 100 nähere Information über ihn, was dann heißt: im Schrank Null, auf dem Bandantrieb Null und auf der Stelle 0100. Das Wörterbuch wird in die Maschine und zugleich in den Aktivspeicher auf der Basis 10 eingegeben. Den Nummern der Akte und Artikel, die dem Deskriptor zugeordnet werden, wird eine Anzahl leerer Speicherstellen angefügt, um neu hinzutretende Akte aufnehmen zu können. Auf einer Tabelle wird dann ausgewiesen, wo auf jedem Band die Listen der dem Deskriptor zugeordneten Nummern liegen. Liste und Wörterbuch werden durch das Programm „Wörterbuch" aufs jeweilige Band geschrieben.

Zum letzten Block, zu Block 8 ist zu vermerken:
Zur Kontrolle können der Aktiv- und Passivspeicher sowie deren jeweiligen Tabellen mit den Platzangaben ausgedruckt und mit dem Original verglichen werden; auch hierfür gibt es Programme. Wenden wir uns nunmehr dem Blockschaltbild der Abfrage zu.

§ 95

Das Blockschaltbild der Abfrage setzt sich aus den folgenden 6 Teilen zusammen:

1. Zusammenstellungen der Suchanweisungen zu einer Anfrage.
2. Stanzen der Suchanweisung zur Anfrage / Suchanweisung auf Lochband.
3. Eingabe der Suchanweisung / Suchanweisung in den Arbeitsspeicher.
4. Suche gemäß Wörterbuch / Nummern der Artikel der Suchanweisungen in den Arbeitsspeicher.
5. Vergleich der Artikelnummern der Suchanweisungen.
6. Ausdrucken der Nummern der Antwort-Artikel/Artikelnummern in Zahlen ausdrucken.

Im Block 1 wird die Anfrage in die Stichwörter der Suchsprache übersetzt und in mehreren Varianten dargestellt. Angestrebt wird, die Anfrage nicht im Ziffern-code zu stellen, sondern in Buchstabenform, und die Umformung in den Ziffern-code dem Rechner zu überlassen. Im Block 2 wird das Suchmuster auf Magnetband gesetzt, im Block 3 wird es in den Arbeitsspeicher eingegeben. Die inhaltliche Arbeit wird dann in den Blöcken 4 und 5 vollführt.

§ 96

„Die Suche der benötigten Artikel der Normativakte vollzieht sich mit Hilfe der Strategie der logischen Generierung" Pravovaja informacija 138). Es habe z.B. die Anfrage Zi die Stichwörter P1;P2;P3... Pi, die durch „und" verbunden sind; also Zi = P1 und P2 und P3...; und Pi. Dann werden die Artikel gesucht, die alle Stichwörter enthalten. Das geht so vor sich: Zunächst wird das Zweigmassiv bestimmt, in welchem die Suche erfolgen soll. Die Arbeitszellen enthalten die Stellen der entsprechenden Zweigmassive samt der ihnen zugeordneten Wörterbücher auf dem Magnetband. Es kann sein, daß für ein Stichwort zwei Listen ausgewiesen werden, und zwar dies dann, wenn das Wörterbuch vervollständigt wurde und die freien Zellen nicht ausreichten, alle Nummern der neu hinzugetretenen Artikel aufzunehmen. Dann wurde ein zweite Liste angelegt, auf die der Arbeitsspeicher auch verweist. Schließlich wird aus der Menge der Artikel, die die Stichwörter P1 bis Pi enthalten, die Untermenge ausgesucht, die alle Stichwörter zugleich enthält. Bestand z.B. die Anfrage Zi aus den Stichwörtern 10_8 und 101_8, so ist der Code des – einzigen – Artikels, der beide Stichwörter enthält, 00020 0080.

Die Erfolge des Suchsystems „Pravo–1"

§ 97

Das Suchsystem „Pravo–1" enthält im sechsten Block des Frageprogramms Gewichtungskoeffizienten. Diese sollen die Sinnentsprechung verstärken. Hat z.B. der Benutzer beim ersten Durchgang keine Antwort gefunden oder befriedigt ihn die Antwort nicht, so kann er aufs Programm „zusätzliche Suche" zurückkommen. Der „wesentlichste" Deskriptor erhält hier das Sybol 11, der weniger wichtige 01, der zusätzliche 00. Die Suche schließt mit dem Programm „Ausgabe der Antwort" ab. Hier wird zunächst die Anfrage durch die Ordnungsziffern der Stichwörter im Wörterbuch ausgedruckt, dazu entweder die Nummern der Artikel, die das Stichwort enthalten (begrenzter Ausdruck) oder aber

1. die Überschriften der Normativakte mit Verweis auf die Artikelnummern, 2. die Überschriften der Normativakte mit dem Text des entsprechenden Artikels (erweiterter Ausdruck). Der Benutzer kann auch die erste oder zweite Antwort des erweiterten Ausdrucks allein verlangen. Hierzu greift das Programm auf die Hilfstabelle zurück, die auf die Stelle des Textes des Aktes auf dem Magnetband verweist. Der erweiterte Ausdruck der Antwort auf die Suchanfrage besteht aus 71 Schrittten, die den Ausdruck sowohl der geltenden Akte allein als auch der geltenden und aufgehobenen Akte vorsehen.

§ 98

Als wesentliches Merkmal für die Güte eines Rechtsinformationssystems gilt die Güte der Suche. Diese bemißt sich nach Genauigkeit und Vollständigkeit der gegebenen Antworten. Um hier Meßzahlen zu erhalten, wurden verschiedene Experimente durchgeführt. So hat man im Recht der Rentenzuerkennung und -bemessung die Suche zunächst nach allen Worten der Anfrage durchgeführt. Enthielt der gesuchte Artikel nicht jedes Wort der Anfrage, so wurde er nicht ausgeworfen. In einem anderen Experiment wurden die Vorschriften über die Haftung der Arbeiter und Angestellten für den von ihnen verursachten Schaden zugrunde gelegt. Für die einschlägigen Rechtsakte wurde ein Thesaurus von ungefähr 600 Wörtern erstellt. Es wurden 24 Anfragen formuliert, die alle dieselbe Strategie befolgten. Als Ergebnis dieses Experiments wird festgehalten: Die für den Rechtsakt wesentlichen Wörter sind meist in der Überschrift enthalten und zudem recht häufig anzutreffen. Sie stechen gewissermaßen ins Auge, sind schnell auffindbar. Dem entspricht der Befund, daß der Indexator in den ersten 4 Minuten der Indexierung am besten und am auferksamsten arbeitet; in 16 weiteren Minuten Arbeit wird deren Qualität nicht wesentlich erhöht (Pravovaja informacija 140, 149).

§ 99

Einem dritten Experiment wurden zivilprozessuale Vorschriften zugrundegelegt: die Grundlagen der Zivilprozeßgesetzgebung der UdSSR und die Zivilprozeßordnung der RSFSR, insgesamt 520 Artikel, für welche ein Suchwörterstock von 1150 lexikalischen Einheiten erstellt wurde. Die Synonyme und Polyseme wurden nicht beseitigt, Wortverbindungen gab es nicht. An Sinneinteilungen wählte man

1. den Gegenstand der Regelung,

2. einen Aspekt des Gegenstandes,
3. diese oder jene Eigenheit des Aspektes oder des Gegenstandes.

So wurde etwa die Frage formuliert, wer von der Zahlung (Aspekt) der Gerichtsgebühren (Gegenstand) befreit (Eigenart) ist. Wurde diese Frage so vollständig gestellt, dann wurden die 4 einschlägigen Bestimmungen ausgeworfen: Artikel 23 der Grundlagen und Artikel 80, 90 und 95 der Zivilprozeßordnung der RSFSR. Beschränkte sich die Anfrage auf die beiden ersten Sinnbezüge, nämlich Gerichtsgebühren und Zahlung, so wurden 7 Artikel ausgeworfen, nämlich außer den 4 genannten noch Artikel 81, 88 und 367 der Zivilprozeßordnung der RSFSR. Und wurde nur das Stichwort „Gerichtsgebühren" eingegeben, dann wurde auf 23 Artikel verwiesen (Pravovaja informacija 152).

Politische Implikationen der rechtsinformatorischen Suchweise

§ 100

In den Bemühungen, einen Suchwörterstock zu erstellen, tritt deutlich die Tendenz einer Verarmung und Verkrustung der Sprache hervor. Zwar zeigte sich, daß Wortverbindungen unerläßlich wurden, die nicht in den Rechtsakten vorkommen, so etwa die Verbindung „schriftlicher Beweis". In den einschlägigen Rechtsakten (Artikel 24, 37 der Grundlagen, Artikel 126 der Zivilprozeßordnung der RSFSR) kam diese Verbindung nicht vor. Sondern „schriftlich" wurde verbunden mit Wörtern wie „Erklärung", „Form", „Art ‘. Dieser Sprachneuschöpfung steht aber ein Sprachverlust entgegen, der schwerer wiegt. Denn man versucht, Zeitwörter nach Möglichkeit aus dem Suchwörterstock herauszustreichen, insbesondere die Verben, die nicht in Hauptwörter umgewandelt werden können oder die nicht Bestandteil fester, eingefahrener Wortverbindungen sind. Damit würde der Beziehungs- und Aspektreichtum herausgefiltert, der die gesprochene Rede gegenüber der Amtssprache auszeichnet. Übrig bliebe eine stereotype abgestorbene Schriftsprache. In dem Bestreben, die Verben herauszustreichen, findet die oben (§ 52) angeführte Befürchtung Nahrung, daß die Sprache der Informatik zu einer Verkrustung und Erstarrung zuerst der öffentlichen Sprache und dann des öffentlichen Lebens führen kann.

§ 101

Die sowjetische Rechtsinformatik ist Teil des politischen Systems der Sowjetunion; sie ruht diesem auf. Fragt man, wie es zur Entwicklung der Rechtsinformatik kam, so stößt man auf den auch im Westen verbreiteten Gemeinplatz, daß die Gesamtmenge des normativen Matrials sich ständig vermehrt und daß man sich mit dieser Vermehrung wird abfinden müssen. Neben diesen mehr fatalistischen und resignativen Argument stehen aber besondere Umstände, aus denen die Rechtsinformatik der Sowjetunion in ihrer heutigen Gestalt erwuchs: Dies ist einmal die lückenhafte Registrierung der Dokumentation der laufenden Gesetzgebung durch die Ämter und Ministerien. Denn aus dieser Lückenhaftigkeit entstand die dokumentarische Spielart der Rechtsinformatik in der Sowjetunion, nämlich der Fundstellenaufweis. Und dies ist zweitens die Zersplitterung in der Organisation, in der technisch-apparativen Ausstattung der einzelnen informationsverbrauchenden Stellen. Ins Gewicht fällt hier aber vor allem die uneinheitliche Klassifikation des zu sammelnden und zu bearbeitenden Informationsmaterials (S. S. Moskvin, Teoretičeskie problemy 1 – 12).

§ 102

Was die mangelnde Dokumentation der laufenden Rechtsschöpfung betrifft, ist schon darauf verwiesen worden, daß etwa vier Fünftel aller amtlichen Suchanfragen auf die Fundstellen der Rechtsakte abzielen. Dies würde unterbleiben, wenn die amtlichen Stellen die Kontrollexemplare der Texte der Normativakte gehörig führen würden. Dies ist aber nicht der Fall. Schon nach ersten Erhebungen des Allunions-Forschungs-Instituts für gerichtliche Ermittlungen zeichnete sich ab, daß viele Stellen und Einrichtungen des Bundes und der Republiken nicht sicher sind, ob ein für sie wichtiger Rechtsakt erlassen, verändert oder außer Kraft gesetzt worden ist. Zwar werden neben den Kontrollexemplaren Karteien, geführt und, meist gemeinsam mit Karteien auch Journale. Journale gibt es indessen zumeist nur in kleineren Einrichtungen. Sie sind chronologisch, alphabetisch oder nach Gegenständen aufgebaut, wobei dann das Aufbausystem der Rechtslehre und der Gesetzgebung entnommen ist. Sofern Karteien geführt werden, taugen diese kaum zur Beantwortung etwa eng spezialisierter oder aspektreicher Anfragen. Denn diese Karteien sind nach früher vorhanden gewesenen Bedürfnissen erstellt und geben kaum etwas für die Lösung der gegenwärtigen verwickelten Probleme her (S. S. Moskvin, Teoretičeskie problemy 11; Pravovaja informacija 35).

Die überkommene Registrierung von Rechtsakten in der UdSSR

§ 103

Der unbefriedigende Stand der Führung der Karteien mag auch daran liegen, daß anders als für die Führung der Kontrollexemplare für die Führung der Karteien einheitliche Richtlinien nicht erlassen sind, obgleich schon 1927 in der UdSSR Karteien eingeführt wurden. Heute geht das Bestreben in der UdSSR dahin, Karteien anzulegen, die die Gesetze zentral dokumentieren und zugleich die Belange möglichst vieler Stellen wahren. Zuweilen wird auf die DDR als Vorbild verwiesen. Hier erfaßt der Staatsverlag die Gesetze in Karteien und verschickt sie an einen Kreis von Interessenten. Daneben bestehen spezielle Karteien wie etwa beim Staatlichen Vertragsgericht, das seine Eintragungen an etwa 1.500 Adressaten verteilt, die speziell an Fragen der Wirtschaftsverwaltung interessiert sind. Für den Zweck der speziellen und generellen Information indessen taugen die in der UdSSR häufig anzutreffenden chronologischen Karteien am allerwenigsten. So wird z.B. das Handelsschiffahrtsgesetzbuch mit seinen 309 Artikeln, das am 18.09.1968 bestätigt wurde, auf einem Kärtchen so verzeichnet: Erlaß des Präsidiums des Oberstens Sowjets der UdSSR vom 18. September 1968, was völlig nichtssagend ist. Besser sind schon alphabetisch geordnete Karteien, besser noch alphabetisch und systematisch geordnete, wie sie etwa in den großen Banken geführt werden. Am tauglichsten scheinen die Karteien wirtschaftender und wirtschaftsleitender Stellen zu sein, die systematisch und nach Gegenständen geordnet sind und die oft den Text der einschlägigen Vorschriften entweder direkt oder in einem beigehefteten Täschchen enthalten (Pravovaja informacija 35 – 46).

§ 104

Was nun die zersplitterte und unübersichtliche Organisation der informationsverbrauchenden Stellen angeht, so wird vor allem die Doppelung von Informationsflüssen und -verarbeitungen beklagt. Dadurch werden die vorhandenen Mittel schlecht genutzt. Die Informationen sind aufwendig und wenig verläßlich. Denn nicht überall kann ein Stab von Fachleuten eingesetzt werden, der mit der nötigen Umsicht und Kenntnis ans Werk geht. Will man hier Abhilfe schaffen, so wird der Sowjetunion das „Prinzip der Zentralisierung auch durch die innere Logik der Entwicklung eines Systems der Rechtsinformatik aufgezwungen" (S. S. Moskvin, Teoretičeskie problemy 13). Dies ist eben das allgemeinstaatliche automatisierte System der Rechtsinformatik, das OGASPI. Dabei versteht es sich von selber, daß das OGASPI sich der modernsten technischen Mittel bedient. Die informationsliefernden und -abfragenden Stellen dagegen brauchen nicht so aufwendig ausgestattet zu sein. Dort genügen mitunter vollauf herkömmliche Systeme von Lochkarten, die sich bei etwa 40.000 bis 50.000 Lochkarten durchaus lohnen (Pravovaja informacija 46).

§ 105

Zur organisatorischen Zersplitterung und zur lückenhaften Dokumentation kommt hinzu, daß auch technisch die Entwicklung einer leistungsfähigen Industrie zur Herstellung von Rechnern, der dritten oder gar der vierten Generation auf beträchtliche Schwierigkeiten stößt. Es fehlt erst einmal an Peripherie-Geräten, aber auch an untereinander abgestimmter Produktion und Lieferung von Großrechenanlagen. Besonders hemmend wirkt sich hier die eingefleischte Neigung der Ministerien aus, den Bestellern die jeweils eigenen Systeme aufzubinden. Da der Besteller in der Regel nimmt, was er kriegt, oder gar, sofern er kann, sich Riesenkomplexe selber baut, kam es dazu, daß Dutzende von Systemen nebeneinander stehen. Man vermerkt bitter, daß die Ministerien sich ganz schnell umstellen würden, wenn sie die Endleistung ihrer Systeme selber zu verantworten hätten. Unter diesen Umständen können die Forschungs- und Erprobungszentren der Akademie der Wissenschaften der UdSSR sowie des Ministeriums für Hoch- und Fachhochschulbildung zwar hier und da Fehler berichtigen. Die notwendige Abstimmung im Herstellungs- und Vertriebsbereich aber können sie nicht ersetzen (V. Guškov 42 – 45).

Die sowjetischen Klassifikationsschemata im Allgemeinen

§ 106

Eines der Hindernisse, das einem umfassenden allgemeinstaatlichen Informationssystem entgegensteht, ist die uneinheitliche Klassifizierung, die von Zweig zu Zweig und Amt zu Amt wechselnde Begrifflichkeit. Man kennt in der UdSSR wohl die ungeheuren Möglichkeiten, die ein integriertes Netz (Dispatcherdienst) der Herstellung, Programmierung und Klassifikation eröffnen würde (V. Guškov, 48 – 50). Doch sieht man sich davon weit entfernt. Unter dem mehr allgemeinen Aspekt einer politischen Gesamtsteuerung wird sogar bezweifelt, ob eine Klassifizierung, die ja regelmäßig auf eine Quantifizierung sozialer Vorgänge abzielt, je in einem so umfassenden Bereich wie dem Recht wird erreicht werden können. Denn man kann sich schwer vorstellen, wie bei der Lückenhaftigkeit der Information und der Unmeßbarkeit der politisch entscheidenden Situationen ein so weites Informationsnetz ausgespannt werden könnte (V. G. Kolenskij 165 – 170).

§ 107

Der Thesaurus der Rechtsinformationssysteme soll, wie erinnerlich, in der Hauptsache aus zwei Teilen bestehen: aus einem systematischen und einem semantischen Teil. Der systematische Teil grenzt durch Stichwortgruppen (Deskriptorengruppen) große Rechtsgebiete ein. Hier wird unter Verwendung der von der Rechtstheorie und der Gesetzgebung gefundenen Klassifikationen die allgemeinverbindliche Bibliotheks- und Bibliographie-Klassifikation BBK verwendet (S. M. Jusupov, Informacionno-poiskovyj jazyk 13, 14; Pravovaja informacija 79). Daneben ist in der UdSSR ein anderes Schema verbreitet: die universelle Zehnerklassifikation (UDK = Universal'naja Desjatičnaja Klassifikacija) für Presseerzeugnisse und Dokumentationsmaterialien. Dieses Schema ist seit 1963 für die Natur- und technischen Wissenschaften verbindlich, wenngleich hierzu zu bemerken ist, daß große Organisationen wie etwa die Lenin-Bücherei in Moskau ihr eigenes Klassifikationsschema haben. Im UDK hat das Recht die Ordnungsnummer 340. Es werden dann z.B. bezeichnet, mit: 341 Völkerrecht und Rechtsvergleichung; 342 Staats- und Verfassungsrecht; 343 Strafrecht; 347 Zivilrecht; 347.9 Zivilprozeßrecht; 348 Kirchen- und Kanonisches Recht (Pravovaja informacija 81).

§ 108

Für die wissenschaftlichen Fachrichtungen besteht seit 1977 (Erlaß Nr. 801 des Ministeriums für Hochschul- und Fachhochschulbildung der UdSSR vom 27.07.1977, abgedruckt im Bulletin dieses Ministeriums 1977, Nr. 9, S. 7 – 17; durch diesen Erlaß wird die Verordnung des Staatskomitees für Wissenschaft und Technik vom 28.07.1972, Nr. 385 aufgehoben) eine einheitliche Nomenklatur. Diese beginnt mit der Nummer 01.00.00 für Physik / Mathematik und endet mit 19.00.00 für Psychologie. In diesem Schema hat Technik die Nummer 05.00.00. Unter diese Rubrik fällt die Steuerung in sozialen und ökonomischen Systemen mit der Nummer 05.13.10. Die wissenschaftlich-technische Information wird mit der Nummer 05.25.00 bezeichnet. Davon ist Bücherkunde mit der Nummer 05.25.04 eine Untergruppe. Recht insgesamt hat die Nummer

12.00.00. Darunter fallen: 12.00.03 Zivilrecht, Familienrecht, ZPO, Internationales Privatrecht; 12.00.04 Arbeits- und Sozialversicherungsrecht; 12.00.08 Strafrecht, Kriminologie und Arbeitserziehungsrecht; 12.00.10 Völkerrecht.

Die juristischen Klassifikationsschemata insbesondere

§ 109

Neben den allgemeinen Klassifikationsschmata haben die Ministerien und Behörden der UdSSR je eigene entwickelt. So teilt etwa das Justizministerium der RSFSR den gesamten Rechtsstoff in 35 Teile mit 800 Indices nach Gegenständen und Zweigen. Das tadžikische Justizministerium dagegen hat nur 31 Abteilungen eingeführt, und es gliedert den Rechtsstoff alphabetisch und nach Gegenständen. Die Statistiken des Innenministeriums und der Staatsanwaltschaft der UdSSR sind ähnlich unterschiedlich. So zählte die Staatsanwaltschaft nur 8, das Innenministerium dagegen 15 besonders gefährliche Verbrechen auf. Obgleich eine einheitliche Statistik von Gelehrten und vom Staatskomitee für Wissenschaft und Technik immer wieder gefordert wurde, fehlt es an ihr. Und dies vor allem auch deswegen, weil man sich weder in der Kriminal- noch in der zivilrechtlichen Statistik auf ein Ziel geeinigt hat. Das Problem einer wissenschaftlichen Qualifikation und Statistik hat neben den alten Schwierigkeiten wie der Starrheit der Schemata mit neuen zu kämpfen. So beobachtet man neuerdings eine „Diffusität der Wissenschaft“, das Aufkommen zweigübergreifender Begriffe und Sparten, die sich so gut wie gar nicht einfügen lassen und zu denen auch in gewisser Weise die Rechtsinformatik zählt (Pravovaja informacija 84 – 87; M. S. Brajnin 123 – 131).

§ 110

Zu den juristisch belangvollen Schemata rechnen auch die in der UdSSR erlassenen GOST–Normen (GOST = Gosudarstvennyj Standart, entsprechend der DIN, der Deutschen Industrie-Norm), so der GOST 16.487.70 für das Archivwesen, der Begriffe und Begriffsbestimmungen enthält, und der GOST 18.383.73, der für Thesauri überhaupt allgemeine Bestimmungen enthält (L. V. Apt 104; S. N. Jusupov, Tezaurus 117, 118). Ein allgemeiner Rechtsthesaurus, der der letzgenannten Norm entspräche, würde über 20 Arten von Bezügen unter seinen lexikalischen Einheiten aufstellen. Damit wird der zweite Teil des Thesaurus angesprochen, der semantische. Hier werden die lexikalischen Einheiten entweder alphabetisch nach Gegenständen oder aber um Deskriptoren herum gegliedert, wobei strittig ist, ob diese beiden Gliederungsschmemata nicht doch auf dasselbe hinauslaufen (Pravovaja informacija 79). Sollte dies der Fall sein, dann würde sich der Rechtsthesaurus nicht von technischen Thesauri, wie sie etwa im Patentwesen üblich sind, unterscheiden. Denn auch da wird ein klassifikatorisches Schema, die Liste der Erfindungsklassen, durch ein alphabetisches und ein Gegenstandsregister ergänzt (I. I. Terent'eva u.a. 118).

§ 111

Der semantische Teil des Thesaurus, also der Teil des Suchwörterstocks, der über die Bedeutungen der Wörter Aufschluß gibt, ist der am schwierigsten zu erstelltende (I. A. Šrejder 46). Hier stehen sich zwei Positionen schroff gegenüber. Einige Autoren sehen es als gesichert an, daß, falls der Ersteller der Suchsprache nicht zugleich der Benutzer ist, es nicht nur darauf ankommt, daß beide dieselbe Sprache sprechen, sondern auch darauf, in welcher Umgebung das System Mensch–Maschine arbeitet: „Für die Lösung von Aufgaben des einen Typs mag die eine Sprache die natürliche sein, für die Lösung von Aufgaben des anderen Typs aber eine andere." Daher reiche es nicht, allgemein die Lösung von Experimenten und isolierten Versuchen zu erwarten, denn in diesen Experimenten und Versuchen würden die immer mit entscheidenden Umstände vernachässigt („Iskusstvennyj intellekt" 314). Andere Autoren dagegen hoffen, die Kluft zwischen Ersteller und Benutzer des Systems durch Dialoge zu überbrücken (Čelovek i EVM 173). So hat man das logische Informations- und Dialogsystem DILOS (= Dialogavaja informacionno-logičeskaja sistema) entwickelt und es vor allem bei der Planung neuer Industriebezirke und der Automatisierung der Produktion experimentell erprobt (V. M. Brjabrin 4, 21).

Das Verhältnis von Klassifikatoren und Deskriptoren

§ 112

Speziell für den Rechtsthesaurus hofft man, die Eigenheiten der Rechtsbeziehung kategorial erfassen zu können durch: erstens die gegenständliche, zweitens die handlungsmäßige und drittens die subjektive Beziehung (S. M. Jusupov, Informacionno-poiskovyj jazyk 17; ders., Osobennosti 63). Paradigmatische Bezüge oder Sinnverknüpfungen sollen mittels Stich- und Schlüsselwörtern das leisten, was sonst Termini, Fachausdrücke, leisten. Im Rechtsthesaurus sollen den Termini und Kategorien „gleichartige oder inhaltsähnliche Wörter“ beigegeben werden. So entsteht ein Gesamtpanorama eines Ausdrucks, seine Facette (L.P. Apt 104). Indem jedem Stichwort sein Wörterbuch beigegeben wird, bereitet man ein juristisches Wörterbuch allgemein vor und erhebt einen reichen Thesaurus zum Modell künftiger gesetzgeberischer Terminologie, das hofft man wenigstens (S. N. Jusupov, Informacionno-poiskovyj jazyk 13; ders., Tezaurus 116 – 118; ähnlich, A. N. Gavinskij 90). Dazu reicht die herkömmliche Klassifikation nicht aus. Denn sie vermag nur, Begriffe zu systematisieren, so etwa Verträge in ein- und mehrseitige, mündliche und schriftliche und dergleichen. Im Wörterbuch dagegen spiegelt ein Begriff wie Vertrag anschaulich all die Bezüge wieder, in denen er steht. Er stellt ein formales Begriffsmuster natürlicher Sprachen dar, ist aber im Gegensatz zur Definition, die immer abschließt und ausschließt, ein offenes, dynamisches System (S. N. Jusupov, Tezaurus 118).

§ 113

Während bei den Autoren, die das Problem eines semantischen Thesaurus mehr sprach- und wissenschaftstheoretisch abhandeln, die Bedenken überwiegen, herrscht bei den Praktikern Zuversicht vor, so etwa bei S. N. Jusupov, dem stellvertretenden Direktor der Forschungsstelle des Allunionsforschungs–Instituts für die sowjetische Gesetzgebung. Jusupov hält es für möglich, in einem weitgefaßten kategorialen Rahmen den ganzen Reichtum der Sinnbezüge von Rechtsbeziehungen einzufangen. Praktisch empfiehlt er, von den Benennungen, den Überschriften der einzelnen Rechtsakte auszugehen. In der Regel verhielten sich die Wörter der Überschrift zu denen des Textes wie das Ganze zu seinen Teilen. Als Beispiel wird die Verordnung des ZK der KPdSU und des Ministerrats der UdSSR vom 16.06.1966 (VO-Blatt 1966, Nr. 11, Art. 14) angeführt. Sie ist überschrieben mit „VO zur umfassenden Entwicklung der Bodenmelioration zur Erzielung ergiebiger und beständiger Ernten an Getreide und anderen landwirtschaftlichen Kulturen“. Dieser Akt gliedert sich in fünf Abschnitte, in denen je nach Bodengüte der Gang der notwendigen Arbeiten bis hin zur Sicherung der Investitionen und der materiell-technischen Versorgung festgelegt wird (S. N. Jusupov, Osobennosti 65 – 67).

§ 114

Die Ansicht, daß der Sinn eines Textes in seiner Überschrift gedrängt und vollständig zum Ausdruck kommt, kann sich auf experimentelle Funde stützen.

So wurden 182 Probanden gebeten, mit geringstem Aufwand den Grundgedanken eines ihnen vorgelegten Textes wiederzugeben. 89,07% der Probanden wählten die Form der Überschrift. 7,13% gaben Anmerkungen, der Rest verweigerte die Übung. Der Text wurde fast immer richtig verstanden, und die Verarbeitung ging in drei Stufen vor sich:
Der Text wurde zunächst verkürzt, gerafft. Dann wurden die Ausdrücke des Textes mit dem Sinn verknüpft, den der Proband dem Text zusprach. Aus einer Grammatik der Worte wurde, um es mit L. S. Vygotskij zu sagen, die Grammatik des Gedankens. Und schließlich wurde die Oberflächenstruktur des Textes in die des Gedankens umgearbeitet; das Hintereinandererzählen wich einem gegenwärtig zusammenfassenden Sinn (L.P. Rudenko 31, 32; diese Dissertation ordnete sich selber in die Fächer–Nomenklatur 19.00.01 ein, also in eine Unterart der Psychologie). Indessen:
So zutreffend hier das Verstehen und Wiedergeben eines Textes geschildert sein mag, so schwer dürfte es fallen, diese drei Stufen zu programmieren. Eher scheint es, als ob den Praktikern, die die Erstellung eines Rechtsthesaurus für möglich halten, eine Art generativer Grammatik vorschwebt, die aber jedenfalls im Westen es nicht vermocht hat, die sprachlichen Grundprobleme des Verstehens, des Wiedergebens oder des Übersetzens zu lösen.

Die Bewertung juristischer Such- und Informationssysteme

§ 115

Das außerordentlich dornige Problem der Erstellung eines bedeutungsmäßigen Suchwörterstocks weist geradewegs auf die ungelöste Frage, was Bedeutung ist:
Welches ist die Bedeutung der Suchwörter? Sind die lexikalischen Einheiten des Thesaurus Befehle oder Sachverhalte? Und wofür stehen sie: für Befehle oder Sachverhalte? Man ist geneigt, Gesetze von Aussagen zu unterscheiden und Gesetze einer besonderen Normlogik zu unterwerfen (V. K. Babaev 123; A. A. Ivin 117, 124; V. A. Poškjavičjus, Nekotorye juridičeskie problemy 128, 130; ders., Primenenie 195). Daher spricht man Normen Bedeutung im Sinne von Wahrheitsfähigkeit ab. Liegt aber die Bedeutung von Normen im Befehl, in der Anleitung, dann haben sie, um mit Frege zu sprechen, vielleicht Sinn, aber keine Bedeutung. Diese Unterscheidung zwischen Sinn und Bedeutung, die Frege 1892 getroffen hat (G. Frege, 40 – 65), wird in der UdSSR für höchst aktuell gehalten (Einführung in Semiotika i informatika 180, in der Freges „Funktion, Begriff, Bedeutung“ ins russische übersetzt ist). Sollte nun der Rechtsthesaurus nur Sinnbezüge enthalten, und keine gegenständlich verstandene Bedeutung,

dann ist kaum zu erkennen, wie er objektiv handhabbar sein kann. Jedenfalls können wir für heute feststellen:
Eine allgemeine Such- und Informationssprache gibt es in der UdSSR nicht (Osnovy pravovoj kibernetiki 37). Was es gibt, sind einzelne Suchsprachen und Systeme. Einige von ihnen wurden dargestellt und sollen nun auf ihre Leistungsfähigkeit überprüft werden.

§ 116

Da seit den Arbeiten in Estland anderhalb Jahrzehnte verflossen sind (s.o. §§ 80 – 84), stünde zu erwarten, daß über Erfolg oder Mißerfolg jener Arbeiten öffentlich berichtet würde. Indessen habe ich, von mehr beiläufigen Bemerkungen abgesehen (Osnovy primenenija 194), nichts dergleichen gefunden. Auf meine diesbezüglichen Anfragen in Moskau habe ich nur ausweichende Antworten erhalten. Eher klang an, daß man bei der Aufstellung eines umfassenden Bundesinformationssystems fürs Recht wohl etwas andere Wege gehen werden als die estnischen Pioniere. Vor allem die Erschließung der Texte, die Indexierung, soll nach Möglichkeit automatisiert werden. Denn schon seinerzeit bei den Versuchen in Estland hatte sich herausgestellt, daß ein und derselbe Akt von verschiedenen Fachleuten unterschiedlich erschlossen wird, daß er sogar von ein und derselben Person im Laufe der Zeit unterschiedlich indexiert wird (I. G. Kull' u.a. 55). Das findet seine Parallele in der Estnischen Sowjetischen Enzyklopädie (ĖSĖ), von der bis 1978 acht Bände erschienen sind. Diese Sammlung enthält das erste umfassende Register auch für Rechtsausdrücke. Es wird nun bemängelt, daß die ersten beiden Bände unzulänglich sind, daß danach zwar eine Wendung zum Besseren zu verzeichnen sei, daß aber auch der achte Band Lücken enthalte, so daß man an die Erstellung einer besonderen juristischen Enzyklopädie denken müsse, die dann als Basis eines Rechtsinformationssystems dienen könne (V. Raudsalu 57).

§ 117

Was nun die Arbeitsfähigkeit des Informationssystems in der Holz- und Forswirtschaft betrifft, so kann man die guten Zeugnissse, die ihm ausgestellt werden, wohl abnehmen. Daß hier die Arbeit nützlich war, bezeugen z.B. die Grundlagen der Forstgesetzgebung des Bundes, die am 17.06.1977 verabschiedet wurden und die die bisherigen Erfahrungen verwerteten (S. N. Jusupov, Tezaurus 115). Denn ähnlich wie in der Sozialversicherung, im Buchhaltungswesen, im Register- oder

Wohnungswirtschaftsrecht scheinen in der Forstgesetzgebung technische Regelungen vorzuherrschen. Unter diesem Aspekt der Formalisierung ist auch die Rentenberechnung zu erwähnen. In Rußland werden durch das Rechenzentrum der Zentralverwaltung für Statistik die Renten automatisch berechnet (M. M. Rassolov 90). Schon Ende der sechziger Jahre entwickelte das Allunionsforschungsinstitut für gerichtliche Ermittlungen Algorithmen für die Rentenberechnung. Hierbei wurden Rentenansprüche mit Rentenerrechnungsalgorithmen verknüpft, die Vergünstigungen und Zuschläge automatisch berücksichtigten. Es wurde z.B. in einem Experiment gefragt, ob und wenn welche Rente einer Frau zusteht, die fünf Kinder gebar, die einen arbeitsunfähigen Unterhaltsberechtigten versorgt, die 12 Jahre lang in Stellen nach Liste 2 und 18 Jahre in anderen Stellen arbeitete und deren durchschnittlicher Monatsverdienst 112,50 Rubel betrug. Der Rechner erkannte richtig: Diese Frau hat einen Endanspruch von 70,31 Rubeln im Monat. Ähnlich wurden Algorithmen zur Beantwortung der Frage aufgebaut, wann ein Arbeiter, der bestimmte Vorschriften verletzt hat, entlassen werden kann und welches Übergangsgeld er dann erhält (Osnovy primenenija 213, 214; Deev / Gal'perin / Ivanov).

Der Nutzen einzelner Verwendungen von EDV im Recht

§ 118

Außer dem hochtechnifizierten Recht der Alters- und Invalidenversorgung können auch Teile des Zivil- und Strafrechts der automatisierten Bearbeitung zugänglich werden. So sind etwa in Litauen alle möglichen Fälle der Nicht- und Schlechtlieferung im Rahmen von Wirtschaftsverträgen durchdacht und algorithmiert worden. Da dafür genaue Sanktionen vorgesehen sind (vgl. die §§ 59 – 88 der VO über die Lieferung von Erzeugnissen produktionstechnischer Bedeutung vom 09.04.1969, Verordnungsblatt 1969, Nr. 11, Art. 64), konnten diese Sanktionen berechnet werden, meist in Form der Vertragsstrafe. Diese nach Skalen und Tabellen ausgewiesene automatische Berechnung kann dann im Prozeß der Klagschrift beigelegt werden. Die Beitreibung der Vertragsstrafe, zu der die Betriebe in aller Regel verpflichtet sind, wird in dieser Weise erleichtert, und man versprach sich allein im Metallsektor der Litauischen Industrie davon einen Effekt von 25.000 Rubeln im Jahr (Pravovye problemy ASU 49). Da man erwartet, daß eine nicht nur angedrohte, sondern auch eingetriebene Vertragsstrafe das Verantwortungsgefühl der Partner stärkt, berechnet man auch anderweitig das Sanktionensystem, so etwa in der Ukraine, wo mit Hilfe des Rechners „Minsk–32“ Informationen aus 250 Betrieben ausgewertet wurden (Osnovy primenenija 220).

§ 119

Es ist offen, ob eine automatische Qualifikation des Verbrechens je möglich sein wird (V. N. Kudrjavcev, O programmirovanii; N. V. Chramcova; V. A. Levanskij; Osnovy primenenija 207, 208; S. S. Moskvin, Teoretičeskie problemy 28). In der Kriminalstatistik dagegen wird der Rechner allmählich unentbehrlich. So wurde z.B. der Begriff des besonders gefährlichen Rückfalltäters definiert, nachdem in Rußland 25.000 Karteikarten überarbeitet worden waren, die für Rückfalltäter angelegt worden sind (M. M. Rassolov 89). Der Einsatz von EDV kann auch zuweilen die Parameter der Kriminalstatistik berichtigen. So teilte die amtliche Bundesstatistik die Straftäter allgemein auf in Lernende und Arbeitende einerseits und in nicht Lernende und nicht Arbeitende andererseits. Doch in Estland stellte sich heraus:
Unter den 14- bis 17jährigen sind 83,4 % Lernende, doch stellen die nur 24,4 % der erstmalig und 9,7 % der mehrfach Verurteilten. Unter den 14- bis 17jährigen sind nur 6,4 % Arbeiter, die indessen 47,1 % der erstmalig und gar 58,3 % der mehrfach Verurteilten stellen. Desgleichen fand man durch Auszählung heraus, daß unter den Totschlägern vierzehn mal mehr Ungebildete sind als im Schnitt der Bevölkerung (Ch. A. Randalu, ĖVM i izučenie 143, 144; ähnliche Angaben bei G. Chazak 7; N. F. Kuznecova 18). Die Merkmale „arbeiten/lernen" sind daher erheblicher als die amtlichen Merkmale „lernen (arbeiten) und nicht lernen (nicht arbeiten)".

§ 120

Kriminalstatistisch abgesichert ist auch eine signifikante Korrelation zwischen hoher Mobilität vor allem in Stadtneugründungen und einer hohen Verbrechensquote. Denn in den neugegründeten Industriesiedlungen sind die begehrtesten Stellen besetzt. Groß ist nur die Nachfrage nach unqualifizierter Arbeit. Dem steht die Wertigkeit vor allem junger und aktiver Männer in folgender Rangfolge entgegen:

1. Möglichkeit schöpferischer Arbeit und beruflichen Fortkommens,
2. Sozialprestige,
3. hohes Einkommen

(G. F. Chochrjakov 132 – 136; A. M. Jakovlev 79 – 81). Hinzu kommt das Zusammenbrechen der Großfamilien und überkommenen Standards in Neugründungen. An die Stelle dieser Standards sind bisher nur partielle Gruppenstandards getreten, die noch nicht gesamtgesellschaftlich in den Griff gekommen sind (V. P. Kazimirčuk, 22). Man hofft, diese neuen Standards sowie die Verbrechen dadurch in den Griff zu kriegen, daß man die Ursachen der „Normabweichung" ergründet (A. Ch. Randalu, ĖVM ne tol'ko 21) und beeinflußt (V. V. Pankratov 29, 30; V. E. Čugunov u. a. 61; s.o. § 47). Zusammengefaßt kann man sagen: EDV wird im Recht erfolgreich zur Steuerung wiederholter und massenhafter sozialer Vorgänge eingesetzt. Dabei bleibt unberücksichtigt, ob diese Vorgänge schon eingefahren sind oder ganz oder teilweise durch Rechtsinformatik geschaffen werden. Es scheint, daß Rechtsinformatik im Bereich massenhafter sozialer Vorgänge ihr eigentliches Feld hat. Indessen geht sie da schon in Verwaltungsinformatik über.

V.

Die Verwaltungsinformatik insbesondere

EDV im gerichtlichen Beweisverfahren

§ 121

Was Rechtskybernetik heißt, hat ein Doppelgesicht, dessen beide Seiten mit „Rechtsinformatik" einerseits und „Verwaltungsinformatik" andererseits bezeichnet wurden:
Während die Rechtsinformatik auf Steuerung auch individueller Verhaltensweisen und Einstellungen abziehlt, hat Verwaltungsinformatik vornehmlich die Steuerung routinierter Wiederholungen im Visier. „Es ist anerkannt, daß eines der Ziele der Verwendung von EDV die Befreiung des Menschen von rein technischer Routinearbeit ist" (Osnovy pravovoj kibernetiki 55). Indessen:
Wie alle Ausdrucke nicht rein technischer Art so sagt auch der Ausdruck „technische Routinearbeit" nicht genau, was er meint. Zur Bestimmung dessen, was rein technisch oder unschöpferisch ist, möchte man nun nicht von alten Vorstellungen ausgehen, und man warnt davor, die automatisierten Steuerungssysteme (ASU) einfach den eingefahrenen Informationsströmen und Behördenzuständigkeiten aufzusetzen (ebenda 55; A. G. Usmanov 122; Pravovye problemy ASU 64). Hier indessen bleibt offen, wo schöpferische Arbeit anfängt und unschöpferische Arbeit aufhört, wo also der Einsatz von EDV angemessen und wo unangemessen ist.

§ 122

Es heißt:
Schöpferisch ist die Bestimmung ineinsfallender und unterschiedlicher Bestimmung. Sind diese aber formalisiert, ist die Aufgabe genau formuliert und ist die Methode der Einschätzung algorithmiert, dann wandelt sich die Aufgabe in eine technische, maschinell bearbeitbare (Osnovy pravovoj kibernetiki 55). Obgleich nun aber im Bereich der gerichtlichen Ermittlung Rechner schon lange eingesetzt sind, bleiben die Aufgaben unklar und werden von Stufe zu Stufe neu formuliert (ebenda 18 – 20). Seit 1970, nachdem die Aufgabenstellung der gerichtlichen Ermittlung zweimal umformuliert worden war, meint man, EDV habe u.a. die Aufgabe, den Täter zu identifizieren. Das Problem der Identifikation technisch

zu lösen, heißt, sie zu axiomatisieren und zu quantifizieren (L. G. Edžubov, Nekotorye 160). Anhaltspunkte zur Täteridentifikation sind: die Stimme (V. D. Zuev u.a.); das Gesicht (P. L. Èl'bur); die Handschrift (R. M. Lancman, Kibernetičeskoe modelirovanie; V. P. Pavlov; G. M. Sobko136 – 159); vor allem aber der Fingerabdruck. Die Täteridentifikation ist eine der Hauptaufgaben der Rechtskybernetik. Von den 25 Beiträgen in „Pravovaja kibernetika", Moskau 1973, befassen sich allein 10 mit der Identifikation des Täters durch Stimme, Gesicht, Handschrift und Fingerabdruck.

§ 123

Die neueste Technik knüpft, was die Täteridentifikation angeht, an alte anthropometrische Ideen an, wie etwa Messung der Mund- und Augenwinkel oder Enden der Augenbrauen (A. M. Zinin u.a. 189). So kann es zu der Verallgemeinerung kommen, daß gerichtliche Beweise überhaupt Signale sind, Systemzeichen, die „objektiv-wahre und verläßliche" Erkenntnisse zulassen (A. I. Trusov 29). Gegen diese Verallgemeinerung wird angeführt, sie verwechsele Beweise mit operativ gewonnenen Daten (I. M. Luzgin 116) Zwei widerläufige Informationsbegriffe würden hier gleichgesetzt: einmal Information als Eigenschaft der Materie und dann Information als Eigenschaft von Systemen, von theoretischen Konstrukten (ebenda 113). Zwar sei die Beweiserhebung rational. Aber Rationalität erschöpfe sich nicht in deduktiver Logik, in ableitender Förmlichkeit. Hinzu kämen die induktive Logik und „wahrheitsähnliche Schlüsse" (A. A. Ejsmann, Logika sudebnogo gokazyvanija 35). Im Strafrecht gehe es jedenfalls um kybernetische Modelle für „ähnliche Strukturen: Handschrifts-, Ballistik- spurenkundliche und ähnliche" (R. M. Lancman, Problemy ispol'zovanija 24). Betrachten wir nun einzelne Fälle des Einsatzes von EDV zur Spuren- und Beweissicherung:

Einzelne Anwendungen von EDV im gerichtlichen Beweis

§ 124

Man kann genau berechnen, welche Patronen etwa aus welchem Lauf abgefeuert wurden. Ziemlich genau läßt sich auch nach einem Verkehrsunfall, soweit die Spuren gesichert sind, der Hergang berechnen. In der UdSSR ist für das Auffahren von Fahrzeugen auf Fußgänger das System „Avtoeks" entwickel worden. Es beantwortet aus 36 Arten von Eingangsdaten 6 für die Beurteilung der Schuld wichtige Fragen. Die Bearbeitung erfolgt auf dem Rechner „Minsk–32" und beträgt 5 Minuten. Dieses System setzt sich rasch bei den Gerichten durch. Denn es ist frei von den Fehlern, die bei Handbearbeitung entstehen, und weitgehend vereinheitlicht (Ėdžubov/Litinskij 118 – 135). Indessen leistet der Rechner hier nur Hilfsdienste, die Endentscheidung liegt beim Fachmann. Anders hinsichtlich der Fingerabdrücke. Die Hautlinien, die Papillaren, sind gänzlich unveränderlich. Sie sind eine Laune der Natur, gewissermaßen ein Geschenk der Natur an die Kriminalisten. Denn in ihrer lebenslangen Eigenheit und Unveränderlichkeit gestatten sie es, eine Person mittels Fingerabdrücken (daktyloskopisch) absolut sicher auszumachen.

§ 125

Der wohl auch international auf diesem Gebiet führende L. G. Edžubov schreibt dazu (L. G. Ėdžubov, Ispol'zovanie kibernetiki 58 – 63): Ein Fingerglied enthält auf seiner Oberfläche etwa 70 bis 150 kleine Eigenheiten, „doch zur fehlerfreien Bestimmung der Person, die die Spur hinterlassen hat, genügen im Ganzen 7 bis 10 kleine Eigenheiten". Zur Identifikation verwendet man am einfachsten den Zonen–Punkt–Kode. Dabei wird der Abdruck auf eine Ebene übertragen. In der Ebene wird ein Zentrum ermittelt. Vom Zentrum aus werden die Abstände der Eigenheiten gemessen und durch Punkte markiert. Da aber die Punkte sich beim Abdruck verschieben, sind sie ungenau; dies allerdings nur bis zu einer gewissen Grenze. Dieser Bereich der Ungenauigkeit, der Bereich der Verschiebung der Punkte, wird durch Zonen eingegrenzt. So läßt sich eine Zeichnung mühelos in Zahlencodes übersetzen. Die Punkte, Abstände und Zonen werden im Zahlencode der Maschine eingegeben. Selbst bei dieser Vergröberung gleicht kein Code des einen Menschen je dem eines anderen auf Erden. Zwar können zusätzliche Fehler bei der handlichen Codierung eingegeben werden. Doch ist die Codierung automatisierbar und ist auch schon stellenweise automatisiert. Das hier verwendete Prinzip der „projektiven Geometrie" wird theoretisch diskutiert (V. Jurans) und versuchsweise auch auf andere Identifikationsmethoden übertragen.

§ 126

Wieder war es L. G. Ėdžubov (L. G. Ėdžubov, Kibernetika; Voprosy kibernetiki i pravo, Vorwort 15), der 1962 eine Methode zur Identifikation von Handschriften entwarf: die Methode der Ausmittelung von Schriftzeichen; den Ausdruck „Ausmittelung" gibt es im Deutschen ebensowenig wie den von Ėdžubov verwendeten Ausdruck „usrednenie ‘ im Russischen. Diese Methode besteht, kurz gesagt, darin, aus mehreren Buchstaben einer Handschrift einen gewissermaßen idealen Einheits-Meßbuchstaben zu ermitteln und an ihm die Grade der Annäherung und Abweichung der konkret geschriebenen Buchstaben zu messen. Einen anderen Weg geht G. M. Sobko. Sobko wählt den Angang von der strukturellen Linguistik. Er hat eine Beschreibungssprache für die Krümmung und den Druck der Buchstaben entworfen und in einem dreistufigen Verfahren algorithmiert. Er geht davon aus, daß sich die Buchstaben nur innerhalb gewisser Grenzen wandeln können (G. M. Sobko 136 – 159). Forschungen zur Handschriftenidentifikation wurden auch vom wissenschaftlichen Forschungsinstitut für gerichtliche Ermittlungen in Vilnius gemeinsam mit dem Mathematischen Institut der Universität Leningrad betrieben (Leiter: V. A. Jakubovič/R. M. Lancmann), desgleichen in Novosibirsk und Taschkent (Voprosy kibernetiki i pravo, Vorwort 15, 16).

Automatisierte Steuerungssysteme in Justiz und Verwaltung

§ 127

Es wäre unangemessen, etwa die Täteridentifikation als rein technisches Problem anzugehen. Ist z.B. der Fingerabdruck nicht gespeichert, den man als Tatspur festgestellt hat, dann muß man intuitiv von Verdächtigen Abdrücke nehmen, will man nicht die ganze Bevölkerung zum Fingerabdruck heranziehen. Im Zusammenhang hiermit möchte z.B. L. G. Ėdžubov die in der Kriminalistik gebräuchliche abstrakte Menge (z.B. die Menge aller Russischsprechenden) durch die „verdächtigte Menge“ ersetzen, die er genau einzugrenzen sucht (L. G. Ėdžubov, Nekotorye 165 – 173). Werden indessen etwa Fingerabdrücke von Straffälligen oder Verdächtigen gespeichert, dann werden diese abgestempelt, d.h. künftiger Straftaten verdächtigt. Die Identifikation durch Fingerabdruck, den man von einer verdächtigten Menge nimmt, setzt also die Abstempelungstheorie (labeling approach) voraus. Und dies ist eine sozialwissenschaftliche Theorie und keine technologische. Was nun die Identifikation durch Handschrift angeht, so hat man festgestellt, daß zuweilen zwei Handschriften ein und derselben Person sich unähnlicher sind als etwa die Handschriften zweier Personen. Daher will man die mengenmäßige Identifikation des Täters zwar vervollkommnen, aber nur hilfsweise hinzuziehen. Denn qualitative Identifikationen sind umfassender und dem Individuum angemessener. Die kybernetische Identifikation soll daher nicht die traditionelle verdrängen (L. G. Granovsij 118).

§ 128

Der Ungewißheit der Kriminalisten, ob denn nun das nämliche Unwandelbare gegeben oder gemacht sei, entspricht die Unsicherheit des Informationsbegriffs: Ist Information Ausdruck von Seienden wie etwa die Papillaren Ausdruck von physischen Personen, oder ist Information Zeichen von Systemen wie etwa der Thermostat Zeichen von Zimmerwärme? Neben dieser Zwiespältigkeit des Informationsbegriffs steht die des Rechtsbegriffs: Einmal gilt das Rechts als widerspruchsloses Satzgefüge und zum anderen als Hinweis darauf, das praktisch Richtige zu tun. Nur wenn das Recht im ersteren Sinne aufgefaßt wird, als eine Zuordnung von Prädikaten zu Subjekten oder von Handlungen zu Personen, kommt es auf die Schuldzuordnung oder auf die Identifikation des Täters an. Hier wird also die sozialwissenschaftliche Attributionstheorie vorausgesetzt. Sind nun die beiden Bestandteile der Rechtskybernetik zwiespältig, nämlich das Recht und die Information, so wundert es nicht, daß auch die Grundlagen der Rechtskybernetik unerforscht sind (Osnovy pravovoj kibernetiki 45), was sich dann auch auf praktische Fragen auswirkt (vgl. die Definitionen der Rechtskybernetik bei: A. R. Šljachov, Tendencii 7; N. S. Polevoj, O pravovoj 44; Osnovy primenenija 64; die Definitionen der Rechtsinformatik bei: Pravovaja informacija 8; S. S. Moskvin, Teoretičeskie problemy 5).

§ 129

So wenig befriedigend die Bestimmung des Gegenstandes der Rechtskybernetik überhaupt, die weitgehend intuitiv und empiristisch erfolgt (M. M. Rassolov 14), so wenig deutlich ist, was denn nun die automatisierten Steuerungssysteme, die ASU, sind. Getreu dem überkommenen Aufbau der Verwaltung in Gebiets-, Zweig- und Funktionalstellen werden auch die ASU aufgebaut und eingerichtet. Damit werden aber die Mängel und Reibungen des alten Gefüges mitgeschleppt: die Vielfalt von Dokumenten für ein und dieselbe Information, die Lückenhaftigkeit der Information, die Untauglichkeit der oft sperrigen und uneinheitlichen Daten für die maschinelle Bearbeitung, die Wechselhaftigkeit oder gar Widersprüchlichkeit der entsprechenden Rechtsnormen sowie die Unzulänglichkeit der Rechenschaftsberichte der unteren Stellen. Diese manipulieren zuweilen die Daten, besonders dann, wenn ihre Angehörigen ihrem jeweiligen Betriebs- oder Behördenleiter unterstehen, und nicht dem Leiter der ASU (Vengerov/Klevakin 13; Pravovye problemy ASU 6,7). Zu dieser Unübersichtlichkeit der Kompetenzen tritt ein „Wirrwarr von Strukturen" für Stellen, die ein und dieselben Aufgaben zu erledigen haben. Z.B. wechselte die Bezeichnung von 44 Instituten der Ukrainischen Akademie der Wissenschaften von: Gruppe, Labor, Dienst, Sektor, Büro bis zur Abteilung, und die Anzahl der Mitarbeiter der Abteilung schwankte von 3 bis 157 (Klimenčuk/Zadorožnyj 5).

Rechtsinformatik als Teil der Verwaltungsinformatik

§ 130

Wie die Kybernetik allgemein zuweilen der Verwaltung untergeordnet wird, so wird die Rechtsinformatik zumindest teilweise der Verwaltungsinformatik untergeordnet (Osnovy pravovoj kibernetiki 28). Unter diesem Aspekt ist das Bestreben zu sehen, bei den Justizministerien, den Innenministerien und der Staatsanwaltschaft des Bundes und der Republiken automatisierte Zweigverwaltungssysteme aufzubauen, die OASU (OASU = otraslevye avtomatizirovannye sistemy upravlenija). Der Zweck der juristischen ASU ist wie der Zweck im Bereich der Wirtschaft die Optimierung der Verwaltung. Man meint, bei aller Eigenständigkeit des Rechts die Erfahrungen nutzen zu können, die mit den wirtschaftlichen ASU etwa in der Industrie gesammelt wurden (A. A. Kjarkkjajnen 52). Zwar soll der Zweck der juristischen ASU bescheidener sein als der der Justiz allgemein. Denn die juristischen ASU beschränken sich auf die Verwaltung (Osnovy pravovoj kibernetiki 126 – 129). Doch da theoretisch die richterliche Gewalt nicht selbständig ist – der Grundsatz der Gewaltentrennung ist im Rätesystem aufgehoben – und da praktisch vor allem durch die Informatik politische in Verwaltungsfragen umgeformt werden können, kann es dahin kommen, daß auf dem Gebiet der Rechtskybernetik die Kybernetik sich das Recht unterordnet, wenngleich Einigkeit darüber herrscht, daß die Maschine den Menschen nie werde ersetzen können (D. A. Kerimov, O spravočno - informacionnoj službe 61; ders., Kibernetiku 7; Osnovy primenenija 210).

§ 131

Aufbau und Ausstattung der Zweig–ASU (OASU) sind durch entsprechende Richtlinien vom 09.12.1971 durch das Staatskomitee für Wissenschaft und Technik geregelt (Osnovy primenenija 145), die besonders den Aufbau von Rechenzentren bei der OASU vorsehen. Das OASU des Bundesjustizministeriums (OASUJu) soll 16 Untersysteme haben, das OASU des Innenministeriums wesentlich mehr. Das Innen–OASU soll auf 4 Ebenen arbeiten: auf Bundes-, Republik-, Gebiets- und Kreis- bzw. Gemeindeebene, das OASUJu nur auf

3 Ebenen: auf Bundes-, Republik- und Regionalebene. Die 9 für die RSFSR vorgesehenen Regionen der OASUJu sind: die Leningrader und Voronežer Region, Mittlere Wolga, Nordkaukasus, Ural, Westsibirien, Ostsibirien, Chabarovsker Region, ferner Osten. Für die Sammlung und Übergabe von Basisinformationen sind in den Gebieten und großen Städten Informations- und Dispatcher-Punkte (IPD) geplant. Die 16 Subsysteme der OASUJu werden geschaffen für:

1. Informationssuchsystem,
2. Statistik und Analyse,
3. gerichtliche Ermittlung,
4. gerichtliche Anleitung,
5. Anleitung der Anwaltschaft,
6. Notariat und Standesamt,
7. Rechtserziehung und Propaganda,
8. juristischen Dienst in der Volkswirtschaft,
9. Personal,
10. Buchhaltung und Rechenschaftslegung,
11. Oberstes Gericht der UdSSR,
12. Staatliches Schiedsgericht,
13. wissenschaftliche Forschung,
14. Planung und Innovation,
15. Kontrolle,
16. Automatisierung der Suche und Information für die Zweigstellenleiter (Osnovy pravovoj kibernetiki 134; Osnovy primenenija 175).

§ 132

Das OASU der Staatsanwaltschaft soll wie das des Innenministeriums auf 4 Ebenen arbeiten und soll 7 Subsysteme erhalten, und zwar für:

zentrale Anleitung der einzelnen Staatsanwaltschaften,
Verfolgung von Straftaten,
Staatsanwaltliche Aufsicht (die sowjetische Staatsanwaltschaft hat eine umfassende Aufsicht über die Einhaltung der Gesetze, sie ist Garant der Gesetzlichkeit),
Personal,
Finanzen,
wissenschafltiche Forschung,
Auskunft für den Apparat der Staatsanwaltschaft (L. A. Bykov 89).

Indessen sind im Gegensatz etwa zu den OASU der Wirtschaftsministerien die juristischen OASU unterentwickelt. Sie sollen zwar in das allgemeinstaatliche automatisierte System OGAS eingefügt werden. Ob aber dessen Struktur für die juristischen ASU taugt, ist zweifelhaft. So sollen etwa alle OASU durch automatisierte Systeme für Planrechnungen (ASPR = avtomatizirovannye sistemy planovych rasčetov) der Gospläne des Bundes und der Republiken angeleitet werden. Für die Informationsvermittlung überhaupt ist ein allgemeinstaatliches System für Datenübergabe vorgesehen, das Teil eines einheitlichen automatischen Nachrichtennetzes werden soll. Die möglichen Auswirkungen solch umfassender Infomationssysteme sind umstritten. Feststeht, daß sie die Rechtsschöpfung und die Rechtsanwendung stark beeinflussen werden. Doch meint man, die Gesetzlichkeit sei ohnehin schon mit der Automation eng verbunden (Pravovye problemy ASU 43), und trotz aller organisatorischer und technischer Schwierigkeiten sowie mangelnder Vorarbeiten werden demnächst die juristischen ASU eingesetzt werden können, zumindest ihre Untersysteme Suchsprache, Statistik, gerichtliche Ermittlung und Personal (Osnovy pravovoj kibernetiki 137).

Die Formalisierung rechtlicher und wirtschaftlicher Vorgänge

§ 133

Im 9. Fünfjahrplan für die Jahre 1971 bis 1975 waren für die sowjetische Industrie 1.583 automatisierte Steuerungssysteme vorgesehen, für das Bauwesen 471, für die Landwirtschaft 129 und für das Verkehrs- und Nachrichtenwesen 126 (Pravovye problemy ASU 14). Von 1971 bis 1975 stieg demgemäß die Anzahl der ASU um das 5-fache, die Anzahl der OASU um das 8,4-fache. Statistische Aufgaben nehmen etwa drei Viertel, Planrechnungen ein Fünftel und Optimierungsaufgaben ein Zwanzigstel der Rechnerkapazitäten in Anspruch (Ju. P. Lapšin 39, 31). Trotz dieses ihres geringen Anteils an der Gesamtarbeit der ASU ist die Optimierung das Hauptziel. Bei der Einführung der ASU geht es hauptsächlich um die optimale Allokation der Ressourcen und um den optimalen Einsatz von Ausrüstungen und Anlagen. Man möchte durch Schaffung formaler Ablaufmuster und Tabellarsprachen vorgefundene Lagen zunächst formalisieren und dann quantifizieren und das Verhalten von Menschen in diesen Lagen prognostizieren. In diesem Zusammenhang spricht man von der situativen Steuerung (vgl. Situacionnoe upravlenie; Klykov/Pospelov/Puškin 14). Indessen: „Keine der in der Mathematik und Operationsforschung bekannten Methoden löst das Problem der Erstellung eines Modells für das Objekt der Steuerung und ihr Funktionieren“ (Klykov/Pospelov/Puškin 13). Soll ein Modell für eine Lage erstellt werden, so muß die Lage selber modelliert werden. Nun sind im sozialen Geschehen schon viele Lagen modelliert, formalisiert. Und zwar ökonomische

Situationen eher als etwa strafrechtliche, wo Formalisierung die oft ausschlaggebenden Umstände des Einzelfalles unberücksichtigt lassen muß (V. M. Kogan 113; vgl. V. N. Kudrjavcev, O programmirovanii).

§ 134

Ist das Recht und besonders das Strafrecht als das altertümlichste Rechtsgebiet noch weitgehend der mündlichen Rede verhaftet, so die Wirtschaft der Schriftsprache. Neigt z.B. die gesprochene Sprache zur Unterscheidung und Entgegenstellung etwa von Umstandwörtern des Ortes, so die Schriftsprache, insbesondere der künstlerische Stil, zur Identifizierung und Einebnung der Unterschiede (N. I. Cukanova). Ähnlich verhalten sich umstandsgebundene Rechtszweige, die soziale Nahbezüge regeln wie etwa das Straf- und Familienrecht, zu lageunabhängigen Fernverbindungen etwa industrieller Art. Diese Fernbezüge können daher auch leicht in ein Gefüge der Unter- und Überordnung eingefügt werden. Daher kann auch den wirtschaftlichen ASU das automatisierte System für Planrechnung ASPR übergeordnet werden (vgl. oben § 132; Annaev/Tovstik 93 – 96; Pravovye problemy ASU 16). Daher können auch schließlich die Rechtsgebiete, die der Wirtschaftverwaltung angenähert sind, leichter automatisiert werden als die Kernbereiche des Rechts. Dies gilt insbesondere für die Wohnungswirtschaft, die bei der Knappheit der Wohnungen in der UdSSR durchreglementiert ist. In Moskau, Leningrad und Tallinn arbeiten seit 1971 „automatisierte Systeme für die Versorgung von Informationen über die Verteilung, den Tausch und die Umverteilung von Wohnraum" (L. M. Šurucht; Osnovy primenenija 205, 206).

§ 135

Ähnlich wie in der Wohnungswirtschaft ASU zur Verteilung eines knappen Angebots eingesetzt werden, so in der Bildungspolitik etwa das ASU „Abiturient": 1976 bewarben sich 1,5 Millionen Abiturienten um einen Studienplatz. Auf einen Studienplatz kamen 2,96 Bewerbungen, wobei die Bewerbungen gebietlich und fachlich schwankten: Die höchsten Bewerberzahlen verzeichneten die kaukasischen und zentralasiatischen Republiken, die geringsten die baltischen. Überdurchschnittlich begehrt waren Medizin, Kultur- und Kunstwissenschaften, unterdurchschnittlich etwa das Nachrichtenwesen (Instruktionsbrief des Ministeriums für Fach- und Hochschulbildung der UdSSR vom 01.12.1976, Nr. 31 in: Bulletin vom Februar 1977 Nr. 2). Knappheit der Ressourcen indessen ist im Recht nur einer der Anlässe zur Formalisierung, in der Wirtschaft aber, die ja durchweg mit knappen Gütern umgeht, der Hauptanlaß. Wenn daher die Kybernetik auch im Recht vorrückt, dann nicht so sehr, weil die Bewirtschaftung zunimmt, sondern deswegen, weil man sich Ersparnis durch Befreiung von Routinearbeit erhofft. Der durch die Informatik gezeichnete Weg vom Recht zum Gesetz entspricht der Perspektive, daß beim Fortgang zum Kommunismus die staatliche Rechtserzwingung zurücktritt (Marksistsko-leninskoe učenie 205, 206), daß zunehmend sachliche Vorgänge in der Güterwelt und immer weniger menschliches Verhalten im sozialen Umfeld einer Regelung unterworfen werden.

Die Formalisierung der Wirtschaftsverwaltung

§ 136

Erinnern wir uns daran, daß Wirtschaften in der Sowjetunion immer Aufgabe des Staates war und das auf absehbare Zeit auch bleiben wird. Erinnern wir uns weiter daran, daß die Partei selber nicht verwaltet, sondern nur lenkt und führt (napravlenie gegen upravlenie; vgl. oben § 36). Das schon auf der betrieblichen Ebene schwierige Problem der Verwaltung und Steuerung der Erzeugung und des Absatzes verschärft sich dann noch auf der staatlichen Ebene. Z B. fanden sich allein im Metallurgischen Werk von Čerepoveck im Gebiet von Vologda im Jahre 1972 1,5 Mill. Dokumente im Umlauf (Pravovye problemy ASU 9). Insgesamt waren aber zur Steuerung der Gesamtwirtschaft der UdSSR im Jahre 1976 10^{16} Zahlenoperationen nötig (B. I. Sazonov 72). Die in einem Jahr von der Volkswirtschaft zu verarbeitende Information besteht aus insgesamt 10^{13} Zeichen (Ju. P. Lapšin 170). Es verwundert dann nicht weiter, wenn auch im Bereich der Wirtschaftsverwaltung die uns von der Justizverwaltung her vertrauten Klagen über die steigende Informationsflut laut werden und man hofft, mit Hilfe der ASU sich die Aufgabe zu erleichtern. Doch scheint es eher, daß die Schwierigkeiten, mit denen die sowjetische Verwaltung allgemein zu kämpfen hat, sich in der Wirtschaftsverwaltung noch bündeln und steigern:

§ 137

Im Jahre 1973 wurde in 29,5% aller Artikel, die in der „Wirtschaftszeitung“ (Èkonomičeskaja gazeta) erschienen sind und die sich mit der Tätigkeit der Ministerien befaßten, gefordert, endlich genau festzulegen, was die Ministerien und Behörden denn nun eigentlich tun. 1974 stieg der Anteil dieser Forderungen nach Klarstellung der Betätigung wirtschaftsleitender Stellen auf 30% aller

Artikel, 1975 auf 31,2%. Aber auch heute noch werden über die Hälfte aller Informationsvorgänge, die gesetzlich den Funktionalorganen der Industrieministerien übertragen sind, von diesen gemeinsam mit den Zweigorganen bewältigt. Dabei eignet sich für den Aufbau der ASU das Funktionalprinzip besser als das Zweigprinzip. Die ungebetene Beteiligung der Zweigorgane verschlechtert die Informationsverarbeitung, die zentral billiger und besser auszuführen wäre. Zur Ungewißheit über die Zuständigkeit und Tätigkeit der wirtschaftsleitenden Stellen kann auch beitragen, daß die Verordnungen über die Ministerien, Industrieverbände und Produktionsvereinigungen (Kombinate) diese Zuständigkeit mit Ausdrücken benennen wie: erforscht, verwirklicht, berücksichtigt, erarbeitet, betrachtet, ersetzt, bestimmt, führt durch, sichert, verwendet, stellt vor, bestätigt, organisiert, stellt fest, erhält, führt ein, teilt mit, offenbart, nimmt teil. Die Häufigkeit dieser unbestimmten Ausdrücke entspricht der Häufigkeit der durch sie benannten Tätigkeiten. So kommt ein verhältnismäßig genauer Ausdruck wie „ändert ab“ nur in 2,5% aller Funktionsbestimmungen vor, Ausdrücke wie „betrachtet“ oder „verwirklicht“ dagegen in 40% all dieser Bestimmungen (B. I. Sazonov 74 – 77).

§ 138

Unumstritten ist bei den ASU nur ihr Zweck: Die Erhöhung der Effektivität, die Optimierung der Verwaltung. Was die ASU sonst sind, ist nicht sicher (vgl. die Definitionen der ASU bei: Ju. P. Lapšin 44 und Pravovye problemy ASU 25). Der Unsicherheit der Bestimmung der ASU und der Funktion der Behörden entspricht die Unsicherheit über die Funktion des Rechts in der Wirtschaftsverwaltung. Man meint dazu: Der Aspekt der Funktion reiche zur Bestimmung des Rechts in der Wirtschaftsverwaltung nicht aus. Hinzu kommen müsse die Kompetenz, die sich aber nicht immer in Über- und Unterordnungen erschöpfe. Insgesamt umfasse die Tätigkeit der Wirtschaftsverwaltung statistische, planerische und buchhalterische Akte, die neben den staatlichen Rechtsakten mit dokumentiert werden müßten. Als dritte Gruppe seien Organisationsdokumente zu berücksichtigen, als vierte Verträge. Zu diesem gewissermaßen allgemeinen Teil der ASU müsse ein lokaler Teil treten, der aber vom allgemeinen Teil abgeleitet und subsidiär sei (I. D. Tinovickaja, 29 – 40). Dieser Vorschlag indessen würde auf eine stärkere Zentralisierung hinauslaufen. Dagegen wendet man ein: Zwar hielten einige Ökonomen den bundesstaatlichen Aufbau der UdSSR und das Gebiets-Verwaltungs-Prinzip für veraltet und unangepaßt. Doch seien diese Äußerungen voreilig: Die staatsrechtlichen Grundlagen dürften nicht im Namen vordergründiger Effektivitätsüberlegungen angetastet werden (Pravovye problemy ASU 53).

Die automatisierten Steuerungssysteme in der Wirtschaft allgemein

§ 139

Während des 9. Fünfjahrplanes in den Jahren 1971 bis 1975 wurden 2.300 ASU in die Wirtschaft eingeführt. Es wurden mehr als 2.000 Rechenzentren errichtet, die mit Rechnern der 3. Generation ausgestattet sind. Das führte zu einer Einsparung von 2 Mrd. Rubeln. Davon entfallen 1,8 Mrd. Rubel auf die Einführung der betrieblichen ASU (ASUP = ASU Predprijatie), die 90% aller ASU stellen (K. I. Taksir 328; Osnovy ekonomiki 352). Neben den zahlreichen betrieblichen und den 246 Zweig-ASU (den ASUP und den OASU) stehen Funktional-ASU, so z.B.: das ASU für Planrechnungen (ASPR; s.o. § 132), die ASU für staatliche Statistik, für Verarbeitung von Preisinformationen und für wissenschaftlich-technischen Fortschritt. Es ist geplant, dieses Gefüge der ASU durch das OGAS zu überdachen, „das allgemeinstaatliche automatisierte System für Sammlung und Verarbeitung der Information über Statistik, Planung und Verwaltung der Volkswirtschaft auf der Basis des staatlichen Systems von Rechenzentren und eines einheitlichen Nachrichtennetzes“ (Ju P. Lapšin 150 – 164, 185; Osnovy ekonomiki 339). Dieses Dach-ASU, das OGAS, soll die gebietlichen, betrieblichen und republikanischen Rechenzentren umfassen, weiter die Rechenzentren der Staatsbank, des Gosplan, der staatlichen Zentralverwaltung für Statistik und des Staatskomitees für materiell-technische Versorgung der UdSSR samt des Unterbaus dieser Organe in den Republiken. Oberstes Glied im OGAS soll das ASPR sein.

§ 140

Nach dem Stand ihrer technischen Ausstattung und ihrer Leistungsfähigkeit werden 4 Stufen der ASU unterschieden:

1. Das Auskunfts-ASU registriert die Betriebsabläufe und gibt Auskunft über sie.
2. Das Beratungs-ASU wertet Informationen aus und bereitet zukünftige Entscheidungen vor.
3. Im Steuerungs-ASU sind Sammlung und Verwertung von Information automatisiert, so daß diese Information in Steuerungsanweisungen gemäß vorgegebenen Programmen umgeformt werden kann.
4. Die selbst lernenden und selbst steuernden ASU wählen die jeweils der Lage angemessenen Programme aus und steuern die Vorgänge danach.

Verbreitet sind in der UdSSR die ASU der ersten beiden Stufen. Die ASU der letzten beiden Stufen finden sich vereinzelt etwa in der Elektroenergetik, der Chemie und Metallurgie, wo sie technologische Prozesse steuern. Im 10. Fünfjahrplan 1976 bis 1980 soll die Anzahl automatisierter Technologien um mehr als das dreifache steigen (Osnovy ekonomiki 340, 341; K. I. Taksir 329). Auch sollen die ASU beträchtlich verbilligt werden. Dazu hat das Staatskomitee für Wissenschaft und Technik beigetragen. Denn es hat durch Vereinheitlichung der Informationsverwertungs-Prozesse und durch Typisierung von Entwürfen und Aufgaben in den Jahren 1973 bis 1975 die Ausgaben für die Erarbeitung betrieblicher ASU von 800.000 auf 400.000 Rubel vermindern können und die Ausgaben für die Erarbeitung von Zweig-ASU von 1,8 auf 1,2 Mill. Rubel (K. I. Taksir 328).

§ 141

Die hauptsächlichen Subsysteme der ASU sind:

(langfristige) Perspektivplanung und Zweigstruktur;
(mittelfristige) wirtschaftlich-technische Planung;
(kurzfristige) operative Planung;
materiell-technische Versorgung;
Komplektierung;
Steuerung des Absatzes;
Finanzen;
Planung, Berechnung und Analyse des Arbeitsaufwands und der Personalkosten;
Planung und Berechnung von Führungs- und Arbeitskräften;
Betriebsrechnung und Analyse der wirtschaftlichen und produktiven (der kaufmännischen und technischen) Abläufe.

Zur Errichtung der ASU samt ihrer Subsysteme leistet das Ministerium für Apparatebau (Minpribor) anderen Einrichtungen Hilfe: Es beliefert sie mit Programmen und Algorithmen, wobei es sich an 384 betrieblichen Kennziffern ausrichtet und sich auf Rechner der 3. Generation stützt. Abnehmer sind andere Ministerien, desgleichen 17 Funktionalverwaltungen und 12 Allunions-Betriebsvereinigungen, Institute, Konstruktionsbüros und Rechenzentren. Den Betrieben werden durch das im Ministerium für Apparatebau entwickelte „ASU-Pribor" an die zwanzig Varianten für die Perspektivpläne und an die fünf Varianten für die jeweiligen Jahrespläne vorgelegt. Jährlich führt dieses „ASU-Pribor" zu einer Einsparung von 22 Mill. Rubel; dies in erster Linie dadurch, daß es optimale Entscheidungen anregt (K. I. Taksir 329 – 331; Ju. P. Lapšin 124).

Automatisierte Steuerungssysteme in der Wirtschaft im einzelnen

§ 142

Die Einführung der ASU mag zwar die Erzeugung verbilligt haben, hat aber kaum zu einer Verringerung der benötigten Arbeitskräfte geführt und nur hier und da etwas an der eingefahrenen Verwaltungsstruktur geändert. So hat sich nur bei einigen neugestellten Aufgaben die ASU um diese neue Aufgabe herum aufgebaut und nicht um das überkommene Verwaltungsgefüge. So etwa beim Raumflug, wo ganz gezielt auf diese Aufgabe hin Rechen- und Koordinationszentren eingerichtet wurden. In Bewegung gekommen ist aber auch die bislang schwerfällige Investitionsgüterwirtschaft, die neue Anlagen entwirft und erstellt. Waren noch beim Bau des Kamsker Automobilwerks über 50 Bauorganisationen beteiligt, die 36 Industrievereinigungen unterstanden, welche wiederum zu einem der 4 Bauministerien gehörten, so ist der Investbau heute teilweise neu organisiert worden: Für je ein zu erstellendes Objekt wird eine operative Dienstleitergruppe eingesetzt. Diese Gruppe wird aus den das Objekt erbauenden Stellen gebildet und überwacht die Bauarbeiten. Neben sie tritt das vereinigte Informations- und Koordinationszentrum. Zu diesem Zentrum gehören Bedienstete von Stellen, die zwar am Objekt beteiligt sind, denen aber die am Objekt beteiligten Betriebe nicht unterstehen. Dadurch soll ausgeschlossen werden, daß diese Zentren unmittelbar in das Baugeschehen eingreifen. Ihre Aufgabe ist lediglich die operative Kontrolle und Information mit Hilfe von EDV. In den Ministerien für das Bauwesen und für Industriebau der UdSSR arbeiteten 1973 12 solcher Zentren, und sie arbeiteten effektiver als die Stellen nach dem alten System (Pravovye problemy ASU 79, 127 – 130).

§ 143

Zu einer gewissen Änderung soll die Einführung von EDV auch in der Kommunalwirtschaft führen. In einigen Gebieten liefert die örtliche und Gemeindewirtschaft bis zu 90% der gesamten Industrieerzeugung. Daher möchte man in großen Städten, wo solche Stellen eingerichtet sind, die ASU bedienen können, zur Optimierung der Gütererzeugung und Dienstleistung ASU einführen, so in Moskau, Leningrad, Kiev oder Minsk. In Leningrad wurde das ASU „Leningrad" eingerichtet, an dem anfangs fast nur Mathematiker beteiligt waren. Erst später bei der Ausarbeitung der Subsysteme erwies sich, daß Sozialwissenschaftler unabkömmlich waren, und erst dann wurden sie hinzugezogen. Die Subsysteme des ASU „Leningrad" sind:

Städte- und Wohungsbau;
materiell-technische Versorgung;
städtischer Personenverkehr;
Wohnraumbewirtschaftung;
Arbeitskräfte, Auskunfts- und Beratungsdienst (Pravovye problemy ASU 121).

Um die örtlichen ASU besser zu nutzen, sind in Leningrad, Moskau und in den Gebieten von Moskau und Tomsk wirtschaftliche Forschungs- und Projektorganisationen eingerichtet worden. Sie sollen mit Hilfe der gebietlichen Rechenzentren der Staatlichen Zentralverwaltung für Statistik den Weg für das OGAS vorbereiten: Angestrebt wird, nicht nur die vertikale Information in Gang zu bringen, also die Information vom Gosplan über die Ministerien zu den Betrieben, sondern auch die horizontale Information, die Information zwischen den Betrieben und Zweigen eines Gebietes (Ju. P. Lapšin 161).

§ 144

Zu einer Umgestaltung hat die EDV auch in einer der wichtigsten Funktionalverwaltungen geführt: im Bankwesen, das hier am Beispiel der Staatsbank (Gosbank) kurz erwähnt werden soll: Hatte noch 1940 die Staatsbank 42 Mill. Operationen monatlich durchzuführen, so 1976 schon 325 Mill. Operationen. Die Staatsbank bedient über 600.000 Unternehmungen. Im Jahre 1931 wurden „mechanische Abrechnungsfabriken" (FMU) eingeführt, 1975 gab es 63 dieser „Fabriken", die 1977 in „Informations- und Rechenstationen" umbenannt wurden. Diese Stationen sind in den kleineren Kontoren eingerichtet. Die größeren Kontore haben Rechenzentren. Anfang 1978 gab es 67 Stationen und 15 Zentren der Staatsbank. Die mit Hilfe von Tasten- und Lochmaschinen zu lösenden Aufgaben sind der Abteilung für Mechanisierung der Verwaltung der Staatsbank übertragen, die mit EDV zu lösenden Aufgaben dem Hauptrechenzentrum der Staatsbank. Da die Basisinformation der Kundschaft in der Regel noch schriftlich eingeht, muß sie zuerst auf Tasten- und Lochmaschinen übertragen werden. Die Sammlung und Übertragung der Basisinformation wird durch die Vereinheitlichung der Dokumentation erleichtert, die dem Hauptrechenzentrum der Staatsbank obliegt. Von 1956 bis 1976 sank die Zahl der Niederlassungen der Staatsbank von 5.022 auf 4.373 und stieg die Zahl der durch eine Informations- und Rechenstation bedienten Kunden von 227 auf 708. An Subsystemen für das geplante ASU der Staatsbank sind 6 Verwaltungen vorgesehen, und zwar für:

Verbesserung der Buchung;
Zahlungsverkehr;
Geldumlauf;
Kredit;
Analyse der Kreditverbindungen;
Investitionen (Mašinnaja obrabotka 3 – 8, 34 – 36, 76).

Die Entwicklung der ASU in der Wirtschaft

§ 145

Es wird in der UdSSR auch von höchster Stelle beklagt, daß die Ministerien und Ämter „häufige und unbegründete Änderungen der Planaufgaben" zulassen, obgleich diese Änderungen nur in streng bestimmten Ausnahmefällen vorgenommen werden dürfen (Instruktionsbrief des Gosplan, des Staatskomitees für materiell-technische Versorgung und der Staatlichen Zentralverwaltung für Statistik vom 08.10.1976, in: Bulletin der Normativakte der Ministerien und Behörden der UdSSR 1977, Nr. 1, S. 3). Ein ähnliches Verhalten wird den betrieblichen Abteilungsleitern zur Last gelegt. Es wird ihnen vorgehalten, daß sie von Mal zu Mal eingreifen, nebensächliche Aufgaben an sich reißen, schlecht auf die rationale Organisation der Arbeit vorbereitet sind und viel Zeit auf traditionelle Formen der Verwaltung verschwenden (Anan'ev/Semjaškin 70 – 74). Wichtige Aufgaben werden dabei zuwenig berücksichtigt, so z.B.: die Verstetigung der Erzeugung, die Feststellung des Bedarfs, die Langzeitplanung, Analyse und Kontrolle des Wirtschaftsablaufs insgesamt (Pravovye problemy ASU 64, 65). Es sind all dies Aufgaben, die sich mit EDV leichter lösen lassen. Die Einführung von ASU in der Wirtschaft soll auch die Betriebs- und Abteilungsleiter darüber informieren, welche der vielen „Tausenden von Vorschriften und Instruktionen", die die wirtschaftliche Tätigkeit reglementieren, überahaupt noch gelten (Bačilo/Katrič 49).

§ 146

Hatten die ASU erster Ordnung hauptsächlich die arbeitsaufwendigsten statistischen und Registrieraufgaben zu erledigen, so die ASU zweiter Ordnung zunehmend analytische und Planaufgaben (Samborskij/Šešukova 38). Die 65 Unions- und 181 republikanischen Zweig-ASU waren z.B. 1973 zu 74% mit statistischen Registrieraufgaben befaßt, 1975 nur noch zu 43%. Der Anteil der analytischen Aufgaben dagegen stieg von 15% auf 23%, der Anteil der Planaufgaben gar von 11% auf 34%, darunter der Anteil der Prognose und Optimierung von 3% auf 11% (Ju. P. Lapšin 185, 195). Das ASU erster Ordnung in der Kohleindustrie z.B. erfaßte mit 550 Schacht- und Tagebauanlagen 3/4 der Gesamterzeugung des Ministeriums für Kohleindustrie. Zu den 22 ASU der Industrievereinigungen dieses Ministeriums sollen weitere 20 hinzukommen, und an die 20% des Verwaltungspersonals soll dadurch eingespart werden (ebenda, 111, 192). Ähnlich in der Automobilindustrie. Hier entstanden 1974 7 Industrievereinigungen, die etwa 3/4 aller Autos der UdSSR und die Hälfte aller Autoersatzteile der UdSSR herstellten. Diese Vereinigungen werden durch das Zweig-ASU Avtoprom (ASU Automobilindustrie) verwaltet. Eine der führenden Industrievereinigungen in diesem Verbund ist die Vereinigung „Moskvič“, deren Hauptbetrieb AZLK (Avtomobil'nyj zavod imeni Leninskogo Komsomola) eine Pionier-ASU errichtete, die ASU AZLK (V. P. Kolomnikov u.a. 4 – 14).

§ 147

Das ASU erster Ordnung beim AZLK wurde 1967 auf den Rechner Minsk-22 eingestellt. Es erhielt 1970 vier Subsysteme für Planung, Absatz, materiell-technische Versorgung und Konstruktion. Wie überall, wurden auch hier drei „versorgende“ (obespečivajuščie) Subsysteme unterschieden: die Informationsversorgung, die mathematische oder Programmversorgung (software) und die technische Versorgung (hardware). 1971 wurden 0,75 Mill. Rubel für das ASU AZLK ausgegeben und 0,35 Mill. eingespart. Nach den ermutigenden Erfahrungen mit dem ASU AZLK wurde das ASU zweiter Ordnung der Industrievereinigung „Moskvič“ erbaut. Die hardware war der Rechner „Sistema–4–62“ der dritten Generation mit einer Arbeitsgeschwindigkeit von bis zu 0,7 Mill. Operationen je Sekunde und einem Speichervermögen von 600 Mill. Bytes auf Band und 500 Mill. Bytes auf Platten. Es wurden 13 Subsysteme vorgesehen, die, durch über 300 Programme integriert, „alle Seiten der Informationssteuerung im Leichtautomobilbau umgreifen“ (V. P. Kolomnikov u.a. 73 – 99). Über die Wirtschaftlichkeit der ASU der Zweige und Industrievereinigungen liegen noch keine genauen Berechnungen vor. Doch ist für den 10. Fünfjahrplan vorgesehen, die Kapazität der Zweig-ASU um das Doppelte bis Dreifache zu steigern (Ju. P. Lapšin 208).

Rechts- und Verwaltungsinformatik als Spielarten sozialer Information

§ 148

Die in der Wirtschaft entwickelten automatisierten Informationssysteme werden auch teilweise für die soziale Information verwendet. Zur sozialen Information zählt die rechtliche Information ebenso wie die soziologische, demographische, sozialspychologische oder medizinische. Doch wird die Sonderstellung der sozialen Information meist ebenso hervorgehoben wie die Sonderstellung der rechtlichen (V. Molčanov 155; V. A. Poškjavičjus, Primenenie, Zusammenfassung in deutsch 215 – 217; D. A. Kerimov, Kibernetika 7). Insbesondere wird unterstrichen, daß zwar nicht bei der Codierung, wohl aber bei der Formalisierung „unvermeidlich" Information verlorengeht (V. Molčanov 83). Eine dagegen behauptete allgemeine Mittlersprache etwa auf der Grundlage der strukturellen Linguistik (etwa bei Ivanov/Šaumjan 220, 227) ist wohl eine Illusion. Daher möchte man die soziale Information näher analysieren und sie auf keinen Fall mit der rein technischen verwechseln: „Die Analyse der sozialen Information, auf allen Stufen ihrer Formalisierung durchgeführt, erweist sich als äußerst ergiebig" (V. Molčanov 155). Selbst eine einmalige soziale Information ist in einem automatisierten System analysierbar, aber im Gegensatz zur ökonomischen Information nicht immer in einem ASU, sondern wohl eher in automatisierten Systemen der Information, den ASAI. Eine einmalige Untersuchung kleiner Gruppen kann mit geringer Technik auskommen. Sofern aber soziale Daten ununterbrochen erhoben werden, geht empirische Sozialforschung in Sozialstatistik über, die angemessen nur durch EDV zu bearbeiten ist (O. A. Gavrilov, Kibernetičeskie metody 39 – 41; V. Molčanov 155, 127, 137).

§ 149

Seit 1971 wird im Institut für Sozialforschung der Akademie der Wissenschaften der UdSSR unter der Leitung von V. Molčanov an einem ASAI mit vier versorgenden Subsystemen (methodische und informative Versorgung, soft- und hardware) und acht funktionalen Subsystemen gearbeitet: Das operative Subsystem soll ununterbrochen die Information verarbeiten. Die Untersysteme für Standardisierung, Inhaltsanalyse und Auffinden von Information sollen eine soziologische Datenbank aufzubauen helfen. Diese Datenbank soll formalisierte und nicht formalisierte Information enthalten. Das Subsystem für Bewertung soll die Entwicklung der software unterstützen und die Verläßlichkeit der Ausgangsdaten sowie der mathematischen und Informationsmodelle verbürgen, die von einem gleichnamigen Subsystem entworfen werden. In diesem Subsystem sollen die soziologischen Daten mit den üblichen vier Skalen gemessen und bewertet werden:

der Nominal-,
der Ordinal-,
der Intervall-
und der Relationsskala
(Raboĉaja Kniga 166 – 170; V. Molĉanov 149).

Im Subsystem für soziale Modelle werden die anderen Modelle zusammengefaßt und ergänzt, so etwa um das zukunftsträchtige Immitationsmodell. Das letzte Subsystem für Prognostizierung schließlich eröffnet im ersten Block mit Hilfe von Programmsprachen wie FORTRAN, ALGOL oder PL 1 Wege zur Inter- und Extrapolation sozialer Vorgänge und stellt im Block 2 mit Hilfe problemorientierter Programmsprachen Vorhersagen über gesellschaftliche Vorgänge auf.

§ 150

Der Zeitaufwand für die Bearbeitung etwa von ökonomischen und sozialen Informationen differiert beträchtlich. So werden bei der Wirtschaftsstatistik nach einer Berechnung allein 70 bis 80% der Zeit für die Ein- und Ausgabe aufgewendet. Dagegen nahm die Auswertung von 1.600 Dokumenten mit sozialer Information vier bis fünfmalsoviel Zeit in Anspruch wie die Ein- und Ausgabe, die Auswertung von 7.200 Dokumenten schon fünfzehn bis sechszehnmalsoviel Zeit (Raboĉaja Kniga 158). In Vladivostok, wo ein ASU mit neun Subsystemen für die 400 selbständigen Wirtschaftsstellen mit etwa 50.000 Beschäftigten vorgesehen ist, erfordert allein die Kontrolle der wirtschaftlichen Entscheidungen ein Viertel der gesamten Arbeitszeit (V. D. Safronov 6 – 8). In einer anderen Umfrage stellte sich heraus, daß an die 90% der Zeit auf das Konto der Beschaffung von Informationen ging, die für Verwaltungs- und Wirtschaftsentscheidungen nötig waren (R. A. Safarov 157). Die Beschaffung von sozialer Information ist schwer automatisierbar. Ist sie aber einmal automatisiert, so geht sie in technische Information über wiederholte Vorgänge über, und in diesem Falle kann sie in Relationsskalen gemessen werden, so etwa die Altersunterschiede oder andere Sozialdaten, die schon eigentlich nicht mehr soziale Information enthalten (Rabočaja Kniga 170). Entsprechendes gilt für die Rechts- und Verwaltungsinformation, die zwischen technisch-ökonomischer und eigentlicher sozialer Information steht.

VI.

Die Rechts- und Verwaltungsinformatik in der Rechts- und Gesellschaftslehre der UdSSR

Das Rechtsstudium in der UdSSR

§ 151

Das Grundproblem in der Rechtsinformatik, das Wiederauffinden von Information, ist nur in Randbereichen gelöst. Das Problem wäre gelöst, wenn Ersteller und Benutzer der Informationssysteme dieselbe Sprache sprächen, wenn also der Sucher dieselben Begriffe verwendete wie der Eingeber und wenn beide die Begriffe gleich verstünden. Diese Bedingung ist aber, wie gezeigt, nur in hochtechnisierten Einzelbereichen des Rechts eingelöst. Sie für das Recht insgesamt einzulösen, hieße, eine umfassende Sprachregelung für verbindlich und ausschließlich zu erklären und sie auf durchformalisierte soziale Vorgänge aufzusetzen. Und in der Tat scheint die Sowjetunion diesen zweiten Weg einzuschlagen. Dabei bleibt die ohnehin unentscheidbare Frage offen, was eine Objektivierung und Formalisierung sozialer Vorgänge ins Werk setzt oder ins Werk setzen könnte: Sind es die sogenannten objektiven Gesetzmäßigkeiten des Sozialismus/Kommunismus? Ist es der Glaube an solche Gesetzmäßigkeiten? Oder waltet hier ein schlichtes Technologiedenken und ein Hang zur Überformalisierung, vor denen auch in der UdSSR gewarnt wird (Problemy teorii 29; N. G. Komlev 74)? Eines aber dürfte feststehen: Ein wichtiger Hebel für die Formalisierung sozialer Vorgänge ist die Rechtskybernetik und innerhalb der Rechtskybernetik die Juristenausbildung. Denn das umfassende Rechtsinformationssystem der UdSSR ist von juristischen Fachleuten für juristische Fachleute geplant.

§ 152

Sowjetische Juristen werden auf einer mittleren und auf einer höheren Ebene ausgebildet: auf mittlerer Ebene etwa zum Gerichtsvollzieher, zum Justizsekretär, zum Milizionär oder aber zum Sozialversicherungsfachmann. In Leningrad, Čeljabinsk, Armavir und Černigov z.B. besteht je ein versicherungsrechtliches Technikum. Daneben baut das Justizministerium der UdSSR beschleunigt sein Netz von Schulen für die mittlere Juristenausbildung aus (S. S. Alekseev

204). Obgleich auch an Juristen mittlerer Stufe Bedarf herrscht, werden doch Volljuristen noch dringlicher benötigt, vor allem in den wenig attraktiven, kalten Gebieten des 22,4 Mill. Quadratkilomenter großen Sowjetreichs (dazu H. Rodingen, Juristenausbildung). So werden im Norden, in Sibirien und in Fernost etwa ein Drittel der Aufgaben, die Volljuristen obliegen, von Juristen mittlerer Stufe ausgeübt (L. K. Suvorov 8 – 10). Das Kollegium des Ministeriums für Hoch- und Fachschulbildung der RSFSR bemängelte im Januar 1976, daß der Bedarf an Juristen in den Rechtsschutzorganen nur zu etwa zwei Dritteln und in der Verwaltung und Wirtschaft gar nur zu einem Drittel gedeckt sei, und das obgleich im 8. und 9. Fünfjahrplan 1966 bis 1975 in elf Universitäten, vor allem des asiatischen Teils Rußlands, juristische Studiengänge neu eingerichtet worden sind.

§ 153

Derzeit werden sowjetische Volljuristen an 39 Universitäten und 4 juristischen Instituten ausgebildet. Die Institute befinden sich in Saratov, Sverdlovsk und Char'kov. Daneben besteht das ortsübergreifende Institut für juristische Fernstudien. An den 21 Rechtsfakultäten Rußlands studierten 1977 68% der russischen Rechtsstudenten, 32% studierten an Instituten. Nur 27% aller russischen Rechtsstudenten studierten ganztags am Ort: 19% waren Abend- und 54% Fernstudenten. Dennoch stellten jene 27% der Vollstudenten 80% der späteren Volljuristen. Im 9. Fünfjahrplan wurden 22.000 juristische Abgänger in der RSFSR entlassen; und zwar 1975 1.235 mehr als 1970. Im Jahre 1976 studierten insgesamt gegen 90.000 Rechtsstudenten in der UdSSR (L. K Suvorov; S. S. Alekseev 205 – 207). Das Recht und die Juristen erfreuen sich in der UdSSR eines höheren Ansehens als etwa in der Bundesrepublik Deutschland. Juristen empfinden zu Recht, daß sie einem aufstrebenden Zweig angehören, und sie versuchen, ihre Lehrpläne zeitgemäß und trotzdem durchsichtig zu halten. Denn die modernen, neuen Richtungen und Fragestellungen werden auch als Hinweise darauf empfunden, alten Problemen neue Aspekte abzugewinnen, unter denen sie vielleicht gelöst werden können (S. S. Alekseev 199). In dieses Bestreben reiht sich die Rechtskybernetik ein.

Die Rechtskybernetik im Rechtsstudium

§ 154

Der zunächst vorsichtigen, dann aber entschlossenen Aufnahme der Kybernetik überhaupt entspricht in der UdSSR, daß die Rechtskybernetik zunächst hier und da eingesetzt hat, dann aber alle Bereiche ergriff, und zwar sowohl in Forschung als auch in Lehre: Waren es am Anfang die Universitäten von Tartu, Leningrad, Kiew und Moskau, die vorangingen, so ist heute Rechtskybernetik Pflichtfach für Juristen in fast allen Hochschulen. Dennoch bleibt von der vormaligen Skepsis gegen die Kybernetik ein gewisser Vorbehalt übrig, z.B. bei N. S. Polevoj, der einen später ministeriell bestätigten Lehrplan für die Rechtskybernetik entworfen hat. Polevoj erinnert an die Erkenntnis A. I. Bergs, daß der mächtige mathematische Apparat der Kybernetik sehr wohl naturwissenschaftlichen Bestrebungen entgegenkomme, aber kaum dem angemessen sei, was in der Praxis der Menschen getan und gewünscht werde (N. S. Polevoj 43). N. S. Polevoj setzt daher auch nicht bei schon erfolgreichen Zweigen der Kybernetik an, wie etwa der kriminalistischen Kybernetik. Sondern er setzt den verschiedenen Anwendungsbereichen der Kybernetik einen allgemeinen Teil voran, in dem die Grundprobleme und Grundbegriffe erörtert werden.

§ 155

Nach N. S. Polevoj gliedert sich die Rechtskybernetik in einen allgemeinen Teil und in einen davon abgeleiteten besonderen Teil. Zum allgemeinen Teil gehören insbesondere sechs Bereiche:

Kybernetik und Rechtskybernetik;
Gegenstand, Aufgaben und System der Rechtskybernetik;
methodologische Grundlagen der Rechtskybernetik;
informationstheoretische Grundlagen der Rechtskybernetik;
Logik in der Rechtskybernetik;
technische Mittel in der Rechtskybernetik.

Diese Unterteilung erscheint mir durchdacht und umfassend. Sie hat sich auch in der Rechtslehre bewährt. Und sie könnte, wie ich meine, auch nützliche Hinweise für entsprechende Lehrpläne an den bundesdeutschen Hochschulen geben. Mehr auf eigens sowjetische Verhältnisse zugeschnitten dagegen scheint der besondere Teil der Rechtskybernetik zu sein, wie er von N. S. Polevoj entwickelt wurde. Dieser Teil läßt sich durch folgende Stichworte markieren:

ASU bei der Staatsanwaltschaft, dem Innen- und Justizministerium;
Rechtskybernetik in Gesetzgebung, Gesetzesanwendung und Rechtsschöpfung;
Justizstatistik;
Rechtskybernetik in der gerichtlichen Ermittlung und im Strafrecht;
Rechtskybernetik in der Sozialforschung.

Es ist dies in etwa das Lehrprogramm, dessen Aspekte die vorliegende Abhandlung zu berücksichtigen sucht.

§ 156

Etwas andere Akzente als N. S. Polevoj setzt M. M. Rassolov, dessen Buch von der Akademie der Wissenschaften des Innenministeriums der UdSSR verlegt wurde. Auch M. M. Rassolov unterteilt die Rechtskybernetik in einen allgemeinen und einen besonderen Teil. Der allgemeine Teil enthält die Grundlagen der Rechtskybernetik, wozu u.a. die Rolle der Rechtskybernetik beim Aufbau des Kommunismus und bei der Festigung der sozialistischen Gesetzlichkeit gehört. Zum allgemeinen Teil zählen weiter zwei Grundthemen, wie M.M. Rassolov sie nennt: Das erste Thema kreist um den Systemgedanken, das zweite um den Materialismus, eingeschlossen die EDV-Technik. Der besondere Teil geht auf die Anwendung von EDV im Recht ein, auf Rechtsauskunft, begriffliche Klarstellung der Sprache des Gesetzgebers, auf Kriminalistik und gerichtliche Ermittlung und schließlich auch empirische Sozialforschung (M. M. Rassolov 6 – 9). Es ist deutlich, daß hier die politisch-erzieherischen Aspekte stärker betont werden. Deutlich ist auch der Ausgang vom Systemgedanken. Denn bei dieser Unterteilung drängt sich der Eindruck auf, auch in der Lehre gehe es darum, Funktionen und Subsysteme herauszuschälen, die dann wieder zum System zusammentreten können. Bei diesem mehr technologischen Angang zum Unterricht mag zwar gutes Fachwissen vermittelt werden können, kaum aber einer gemeinsamen Arbeit von Lehrenden und Lernenden der Weg geebnet werden.

Fachwissen wird relativ mehr von Lehrern geschätzt, gemeinsame Arbeit mehr von Studenten. So wurde bei einer Befragung von 75 Lehrern und 451 Studenten der Sozialwissenschaften in Nowosibirsk im Jahre 1974 festgestellt: 82,7% der Lehrer aber nur 67,2% der Studenten meinten, daß ein guter Unterricht am ehesten von einem guten Fachwissen des Lehrers abhänge. Umgekehrt meinten

52,5% der Studenten aber nur 40,0% der Lehrer, die Güte des Unterrichts hänge davon ab, inwieweit Studenten und Lehrer gemeinsam zusammenarbeiteten. (N. V. Nalibajko 134).

Soziale Informatik und sozialer Wandel in der UdSSR

§ 157

Westliche Beobachter, die Gerichtsverhandlungen oder Klassenunterricht in der UdSSR verfolgen, wundern sich immer wieder über die Förmlichkeit des juristischen und pädagogischen Treibens. Auf der anderen Seite erstaunt sie die Geschichtlichkeit russischer Denk- und Lebensweise. Nun, beides ist auf den Nenner der Geschwindigkeit zu bringen, des Tempos der wissenschaftlich-technischen Entwicklung in der Sowjetunion. Das soziale Grunderlebnis des heutigen Sowjetbürgers ist die wissenschaftlich-technische Revolution (G. N. Volkov 4 – 6):

Von 1897 bis 1977 wuchs die Einwohnerzahl der heutigen UdSSR von 124,6 auf 257,8 Mill., wuchs die Zahl der Stadtsiedlungen, nur die Jahre 1926 bis 1975 betrachtet, von 1.925 auf 5.752, wuchs die Zahl der Stadteinwohner in dieser Zeit von 26,3 auf 153,1 Mill. (Naselenie 9 – 12). Während alte Hauptstädte wie Moskau (RSFSR) und Tallin (Estland) von 1897 bis 1977 nur um das Vierfache anwuchsen, schnellte die Einwohnerzahl mittelasiatischer Hauptstädte wie Frunze (Kirgistan) von 37.000 auf 511.000 an und die Einwohnerzahl von Dušanbe (Tadžikistan) gar von 6.000 auf 460.000 (Naselenie 9 – 12). 1926 gab es in der UdSSR 43,4% Analphabeten unter den 9- bis 49-jährigen, in Tadžikistan 96,2%. 1970 betrug der Anteil der Analphabeten in der UdSSR 0,3% und in Tadžikistan 0,4% (Pedagogika 88).

§ 158

Waren 1913 nur 190.000 Fachleute in der Volkswirtschaft beschäftigt, so 1976 24 Mill., davon 14 Mill. mit mittlerer und 10 Mill. mit Hochschulbildung. Standen 1913 9% aller Erwerbstätigen in der Industrie in Lohn und Brot, so 1975 38%. Der Anteil der Beschäftigten in der Land- und Forstwirtschaft schwand von 75% auf 23%, der Anteil der im tertiären Sektor Beschäftigten stieg von 1% auf 16% (Naselenie 27, 30). Diese stürmische Verstädterung und technische Entwicklung haben nicht nur den Bedarf an Akademikern gesteigert, sondern auch den

Bedarf an Facharbeitern. Heute gibt es in der UdSSR über 6.000 berufstechnische Lehranstalten. Hier wurden während des 9. Fünfjahrplans 1971 bis 1975 an die 9 Mill. Facharbeiter ausgebildet. Derzeit lernen an diesen berufstechnischen Anstalten 3 Mill. Schüler. Es werden zweieinhalbmal soviel Arbeiter mit Mittel- oder Fachschulausbildung benötigt wie bisher. Um die allgemeinbildende Mittelschule, der eine bestimmte Praxisferne nachgesagt wird, der berufstechnischen Lehranstalt anzunähern, soll in der Mittelschule das Fach „Arbeitslehre" von zwei auf vier Wochenstunden erhöht werden. Zusätzlich richten die örtlichen Schulverwaltungen neue Stellen für Inspektoren für Arbeitslehre ein (V Central'nom Komitete 3 – 5; Novyj etap 56 – 60). Hauptziel der Umgestaltung der Lehrpläne der Mittelschulen ist es, die Lehrpläne von überflüssiger, veralteter Information zu reinigen.

§ 159

Was nun das Lehrfach soziale Informatik betrifft, so scheint ein entsprechender Lehrplan, der den Systemgedanken voranstellt, einseitig und praxisfern zu sein. Denn wer immer und überall mit dem System beginnt, läuft Gefahr, Information zu verzerren, bevor er sie sammelt. Sozialen Vorgängen wird oft eine Formalität unterstellt, die erst einmal herzustellen ist. Gerade in diesem Punkt fehlt es an einer Grundlagenforschung, die zwar weniger genau und aussichtsreich ist als etwa die angewandte Forschung, die aber zum Nachteil der Wissenschaft immer mehr durch technische Fragestellungen und Forschungen verdrängt wird (G. L. Volkov 175 – 188). Man spricht in diesem Zusammenhang auch von einem „Isofunktionalismus", den man analog zur „Isomorphie" versteht (K. B. Bataroev 31). Isofunktionalismus ist dabei mehr ein praktischer Begriff als ein erkenntnistheoretischer. Dem entspricht die starke Betonung der Willensseite im Marxismus-Leninismus, der den Menschen überwiegend als aktiv sieht (G. N. Chvatkov 82). Der historische Materialismus Marx'scher und Lenin'scher Prägung bestimmt die Gesellschaft wie auch die gesellschaftliche Erziehung (G. A. Il'ina 61, 62). Das heißt nun gerade nicht, daß technische Machbarkeit grenzenlos sei, wohl aber menschliche Betätigung, gegenständliche Praxis (Metodologičeskie problemy istorii 342). Gegenständliche Praxis aber läßt sich nicht auf Reproduktion identischer Lagen reduzieren. Vielmehr gibt es Lagen, die noch nicht formalisiert sind. Hier bedarf es eines Eingehens auf die Einzelumstände, die nicht alle technisch oder pädagogisch vorwegnehmbar sind.

Soziale Informatik und der sowjetische Weg zum Kommunismus

§ 160

Sowjetische Sozialwissenschaftler warnen immer wieder davor, Entstehung auf Erklärung zurückzuführen, Aktionen auf Motive oder soziales Geschehen überhaupt auf Reiz-Reflex-Schemata (Chazak/Livšic 9; V. P. Kazimirčuk 9). Es ist dies, von Einzelstimmen abgesehen (z.B. O. A. Nečaeva 94, 194), der Grundtenor der sowjetischen Kritik an der hauptsächlich in den USA betriebenen Sozialwissenschaft. Hier wird kritisiert, daß etwa die Rede nicht zum Gegenstand, sondern nur zum Ausgang der Analyse genommen wird, die selber dann in den Bahnen satzförmiger Förmlichkeit verläuft. Man betont, dieser Ansatz gelte für standardisierte Situationen, die aber nicht das soziale Handlungsgesamt erschöpften (Filosofskie osnovy 212 – 214). Im Gegensatz zur westlichen Sozialwissenschaft, die zwischen einer scholastischen Universalität und einem „Kriecher-Empirismus" hin und her schwankt, will die sowjetische Wissenschaft den dialektischen Zusammenhang sozialer Vorgänge bewahren, ohne ungenau im Einzelnen zu werden (L. F. Il'ičev 226, 227). Der Hyperformalismus, der dem Vorrang der Schriftsprache vor der Rede entspricht (N. G. Komlev 74), hat seine Grenzen. Denn im Grunde vollzieht sich der Wandel „nicht auf der Basis eines verfestigten Sprachsystems, sondern auf der Basis der grenzenlos vielfältigen, geschmeidigen, lebendigen Rede, die das Mittel des Sprachsystems nur benutzt..." (Filosofskie osnovy 47). Diesem Vorrang der Rede vor der Sprache entspricht der Vorrang des Rechtsgedankens vor dem Gesetzesbegriff in der sowjetischen Rechtstheorie.

§ 161

Die heutige Hauptentwicklungslinie zum Kommunismus liegt in der Verbindung des sozialistischen Gesellschaftsgefüges mit den Errungenschaften der wissenschaftlich-technischen Revolution (N. F. Kozov 59). Formaldisziplinen wie die Kybernetik sind nur in der kapitalistischen Formation unbeherrschbar. Denn mangels sozialer Einordnung, etwa der Kybernetik wie der Technik schlechthin, folgt ihnen die Gesellschaft blindlings. Dieser „bürgerliche Naturalismus ' ist schon von Comte und Hobbes vorgeprägt (Sociologija II 40 – 44; Filosofskie osnovy 225). Hier wird die logische Rekonstruktion etwa der Rede durch Regeln mit der Entstehung der Rede verwechselt, und die je situative Entstehung der Rede wird in einen universellen Erklärungskontext eingespannt (Filosofskie osnovy 251). Dagegen behauptet der Marxismus/Leninismus mit Vico und

Dilthey, daß soziale Erscheinungen nicht auf natürliche rückführbar seien oder wie natürliche behandelt werden könnten. Im Gegensatz zu den Rhetoren und Lebensphilosophen aber sehen die sowjetischen Wissenschaftler den Unterschied zwischen Natur und Gesellschaft nur relativ (Sociologija II 42, 43). Beide sind durch die industrielle Praxis verbunden. So wird etwa der Bedarf an immer höher qualifizierten Arbeitern die sozialen Einkommensunterschiede einebnen, denn minderqualifizierte Arbeit wird auf die Dauer ganz beseitigt werden. Weiter wird der soziale Konsum zunehmen, was, gemeinsam mit höchster Produktivität, zum Kommunismus führen werde (Političeskaja ėkonomika 322 – 324).

§ 162

Dieser Vision entspricht auf dem Gebiet des Unterrichts die Zunahme des programmierten Unterrichts (M. V. Saltevskij 5, 10 – 16). Doch stößt der programmierte Unterricht entgegen der Vorhersage A. I. Bergs (Vorwort in Kibernetika i problemy obučenija, Moskau o.J. 6), auf bestimmte Grenzen. Zwar wächst im Zuge der wissenschaftlich-technischen Revolution die Bedeutung der Mathematik und der Naturwissenschaften an, mit ihnen aber auch eine gewisse Einseitigkeit: „die übermäßige Gebundenheit ans Schema, an die Formel, das Unvermögen, die Vielschichtigkeit und Wandelbarkeit der realen Situation zu bemerken und in Rechnung zu stellen" und ein „technischer Formalismus", der gerade in seiner Übertreibung zu technischen Fehlern führt und zu einer Minderachtung humanitärer Allgemeinbildung: „All dies ist sehr, sehr gefährlich" (Sociologija I, 122). Vielmehr muß eine breite Allgemeinbildung auch für qualifizierte Arbeiter das schnelle Veralten eng technischen Wissens auffangen. So werden in den führenden Technischen Hochschulen der UdSSR in den ersten drei Kursen die Studenten allgemein gebildet, erst danach in ihren engeren Fachsparten. Nur auf Grund einer umfassenden sozialwissenschaftlichen und humanitären Bildung wird der Arbeiter oder Student zu schöpferischer Arbeit befähigt werden. Das gilt z.B. auch für den Programmierer, dem der technische Fortschritt eine neue Routinearbeit aufgebürdet hat, nur eben nicht eine körperliche, sondern eine geistige. Erst wenn auch diese Arbeit, etwa durch Universalisierung von Programmen oder durch ihre dialogische Verwendung, dem Menschen abgenommen worden sein wird, wird sich der technische Fortschritt zum Wohle aller auswirken (Sociologija I 123, 124).

Widerläufigkeiten der Entwicklung der Sowjetgesellschaft und der sozialen Informatik

§ 163

Die Entwicklung zum Kommunismus, die durch Kybernetik und Informatik vorangetrieben werden soll, ist in gewisser Weise widerläufig. Werden nämlich, etwa in der empirischen Sozialforschung, Einzeluntersuchungen automatisch bearbeitet, die nicht standardisierte Lagen erforschen wollen, dann werden auch die entsprechenden Programme je einzeln zu entwerfen sein. Erst wenn die Lagen durchformalisiert sind, wird man auf Universalprogramme zurückgreifen können. Aber dann sind empirische Untersuchungen überflüssig. Denn die Lagen sind schon schematisiert, also ins idealistische und herrscherliche Form- und Regelmuster gebracht. In diesem Fall aber würde erst recht die unqualifizierte Arbeit zu- und nicht abnehmen. Dasselbe gilt für solche zentrale Rechtsgebiete wie Strafrecht oder Familienrecht: Vorrückende Automatisierung führt hier zur Verförmlichung des Strafens und des Familienlebens, führt damit zu einer Dequalifikation der entsprechenden Rechtsbearbeiter. Bleibt es aber bei der jeweils individuellen und situativen Gestaltung dieser Bereiche, dann ist weder zu sehen, wie die Automatisierung Fuß fassen kann, noch wird deutlich, wie die Partei, die die zentralen Hauptprozesse in den Griff kriegen möchte (Vinogradov/Grinenko 50 – 58), hier zentral regelnd wird eingreifen können.

§ 164

In der sowjetischen Literatur wird die Widerläufigkeit der Entwicklung zum Kommunismus eingestanden. Nur eben sollen diese „Widersprüche" nicht unlösbar sein, sondern, da auf der Basis sozialistischer Produktionsbedingungen entstanden, lösbar. Auf die Frage nun: lösbar durch mehr reglementierenden Formalismus oder durch mehr situativen Freiraum – auf diese Frage wird man in der sowjetischen Literatur keine eindeutige Antwort finden. Dann aber liegt der Schluß nahe, daß die grundsätzliche Offenheit oder, vom Formalismus her gesehen, Zweideutigkeit der sozialen Entwicklung behauptet wird, wie sie etwa auf dem Boden der Rhetorik und Pragmatik – Pragmatik ist nicht Pragmatismus – entstand (dazu H. Rodingen, Pragmatik). Dem wiederum wird entgegen gehalten: Die Gründung der Philosophie auf Rhetorik löse sie von der Politik, die immer entscheiden müsse, und mache sie handlungsunfähig (G. A. Brutjan 39 – 44). Hier allerdings wird Handeln auf macherhafte Entscheidung eingeengt, auf Zweckvernunft. Es wird also hier ein Handlungsbegriff unterstellt, den man im nordamerikanischen Schrifttum zu entdecken meint und verwirft. Und es wird die grundsätzliche Offenheit der Redesituation übersehen, also gerade das, was Praxis, menschliche Betätigung im umfassenden Sinne ist. Es ist letztlich das Marx'sche Praxisverständnis, das in der Bindung des Handelns ans Machen und in der Verwerfung der Rhetorik vereinseitigt wird (Metodologičeskie problemy istorii 340 – 342).

§ 165

Das sowjetische Schrifttum zur Kybernetik und ihrer sozialen Einbettung ist viel zu vielschichtig und aspektreich, als daß es auf ein technologisches Macherverständnis reduziert werden könnte. Es reflektiert und produziert Praxis im Marx'schen Sinne (K. Marx, Thesen über Feuerbach; ders., Rohentwurf 243, 391; dazu F. Rossi-Landi; anderer Ansicht N. Lobkowicz). Im Grunde bleibt das Verständnis der sozialen Hauptschicht, der Arbeiter und Bauern, in folgenden Grundüberzeugungen sowjetischer Sozialwissenschaftler erhalten:

Die Politik hat Vorrang vor der Ökonomie. Formalisierung und Standardisierung werden zwar immer wichtiger, sie werden aber nicht zum Grundmuster sozialen Umgangs schlechthin. Diesseits von Förmlichkeit und Begrifflichkeit steht eine Ordnung, die eben nicht die des Bourgeois, sondern die des Proletariers ist. Sozialer Wandel wird nicht durch fixierte Schriftlichkeit herbeigeführt, sondern durch die mündliche Rede. Diese Überzeugungen schufen sich geschichtlich im sogenannten Anarchismus Luft, der ja nicht jede, sondern nur die förmliche Ordnung zerstören wollte. Denn das Prinzip sowohl der grundherrlichen wie der bürgerlichen Ordnung war und ist die Förmlichkeit. In diesen Grundüberzeugungen trägt sich auch der Glaube an die kommunistische Herrschaftslosigkeit fort, ein Glaube, der im Westen kaum Fuß fassen kann. Denn hier ist die Gleichsetzung von förmlicher Ordnung mit Ordnung schlechthin soweit verinnerlicht, daß die Vorstellung einer anderen Ordnung Panik und Entsetzen auslöst; eine sozial erzeugte Angst, die von den Nutznießern der förmlichen Ordnung nach Kräften geschürt wird.

Soziale Informatik im sozialwissenschaftlichen Methodenstreit

§ 166

Informatik ist auf gewisse feste Begriffe angewiesen, auf Klassifikatoren, Such-

oder Schlüsselwörter, auf Merkmale also, die den Gesamtzugriff auf Sinn steuern. Dem entspricht psychologisch, daß Hauptwörter durchweg im Nominativ erinnert werden, daß also das ungebeugte Nomen eine hervorragende Stellung im grammatischen Paradigma einnimmt (N.V. Ufimceva 227). Die lageabhängigen, die sogenannten schiefen Casus, führen wie die Zeitwörter in der Informationssprache ein Schattendasein. So betrachtet, entstammt Informatik dem Weltbild dessen, der die Syntaxdressur verinnerlicht hat (dazu N. Dittmar; K. Wünsche). Dagegen steht die anreihende Kettenfügung, die, da für den Satzbau keine Aufmerksamkeit abgezweigt zu werden braucht, nicht nur besser behalten wird als die verzweigte Ableitung (S. D. Tolkačeva 13 – 15). Die erzählende Kettenfügung läßt auch, da sie nicht schon im Satz reduziert, mehr Wahrnehmung ein: Aspekte, die nicht gleich in ein abstrakt-herrscherliches Gefüge gestellt werden, sondern zunächst nebeneinander stehen. Dafür ein Beispiel: Es wird erzählt, daß im Landkreis Haapsalu in Estland nur ein knappes Fünfzigstel aller insgesamt Verurteilter wegen Rowdytums verurteilt wurden, in der Stadt Narva dagegen fast ein Viertel. Daraus wird nun geschlossen, diese Abweichungen von der Norm müßten Ursachen haben, die zu ergründen für die Bekämpfung des Rowdytums (chuliganstvo) nötig ist (Ch. Randalu, ĖVM ne tol'ko 21; ähnliche Gedanken bei Gavrilov/Kolemaev 90). Hier wird also so getan, als ob die Abweichung von einer Idealnorm auf Realfaktoren zurückzuführen sei, aus denen die Abweichung gefolgert werden könnte.

§ 167

So zulässig es ist, Abweichungen von einer hergedachten Norm mit hergedachten „Ursachen" zu erklären, so gedankenlos ist es, aus diesem Erklärungszusammenhang in die Wirklichkeit einzugreifen. Hier liegt ein sozialer Naturalismus vor, dessen insbesondere die nordamerikanische Sozialwissenschaft geziehen wird, dessen sich aber auch sowjetische Autoren schuldig machen. Nehmen wir als Beispiel das Verhältnis von Trunksucht und Verbrechen:

1965 verzehrte im Schnitt jeder Sowjetbürger 4,7 Liter reinen Alkohols, davon 60% starke Getränke, vor allem Wodka. Hierbei sind die selbstgebrannten Alkoholika noch nicht einmal berücksichtigt. Der Alkoholkonsum wuchs und wächst derart, daß seit 1976 in den Kreisen, Städten und Betrieben „Ausschüsse zur Bekämpfung der Trunksucht" eingerichtet wurden (Ju. M. Tkačevskij 10; K. V. Veličkin 18; Gorubanov/Andreev). Die Anlässe des Trinkens sind vielfältig und zum Teil in der Überlieferung verankert. Überall im Lande hat man „Ausnüchterer" für die Betrunkenen eingerichtet. Eine Untersuchung der in den

Ausnüchterer von Gor'kij eingelieferten Betrunkenen ergab, daß vier Fünftel von ihnen nur vier bis sieben Jahre lang die Schule besucht hatten, also zu den Mindergebildeten zählten. Trunksucht des Mannes ist der Hauptgrund für das Scheidungsbegehren der Frau, die ohnehin in 60% aller Fälle auf Ehescheidung anträgt (Ju. M. Tkačevskij 11, 27). Fast jede zweite Straftat wird von angetrunkenen Tätern begangen (N. F. Kuznecova 17). In Estland wurden 84% der schweren Körperverletzungen, 89% der Raubüberfälle und 88% der Rowdy-Fälle angetrunkenen Tätern zur Last gelegt (G. Chazak 8; ähnlich D. R. Lunc 16). Diese Zahlen verführen zum Fehlschluß: Würde man die Trunksucht ausrotten, dann wäre auch das Verbrechen beherrschbar. Eine Abweichung von einer Idealnorm wird also für die andere verantwortlich gemacht.

§ 168

Von methodisch bewußten Sozialwissenschaftlern wird die Ursächlichkeit bezweifelt, die zwischen Alkoholismus und Kriminalität hergedacht wird. So wird es etwa für falsch gehalten, die „Ursache" des Rowdytums in der Trunksucht zu sehen. Denn drei Viertel aller Rowdys waren nur leicht oder mäßig betrunken, und woran die Trunksucht selber liegt, das bleibt im dunklen (V. P. Vlasov 154). Hier wird richtig gesehen, daß eine hohe Korrelation von Trunkenheit und Rowdytum kaum den sozialen Vorgang erfaßt, sondern eine statistische Übereinstimmung feststellt, die oft belanglos ist, denn gerade hohe Korrelationen genügen oft nur rein „epistomologischen Paradigmen". Dieser „korrelative Angang" kann zwar zum Ersinnen von Generations-Schemata verleiten, kann aber kaum Lagen steuern, die noch nicht formalisiert sind (Filosofskie osnovy 243, 235).

Ein ähnliches Verhältnis wie zwischen Kriminalität und Alkoholismus besteht auch zwischen der Intelligenz und der individuellen Lernfähigkeit (vgl. A. N. Anan'eva; V. A. Gaevskaja). Auch hier gelangt man über einen bloßen Meßvorgang nicht hinaus. Und will man etwas sagen, was über den bloßen Meßvorgang hinausgeht, so wäre in der Regel auch das Gegenteil von dem belegbar, was man sagt. In dieser Denkweise gelangt man über einen Eklektizismus der Ergebnisse und einen Antagonismus der Methoden nicht hinaus (G. I. Bogin 73, 74). Dann aber wäre es gleich einfacher, die Offenheit widerstreitender Lagen zum Ausgang zu nehmen, das heißt, die typische Redesituation. Diese Situation wird aber gerade wegen ihrer Offenheit von denjenigen, die an eine einseitige Förmlichkeit verfallen sind, als chaotisch abgetan (Filosofskie osnovy 242).

Soziale Informatik, Verbrechen und geistige Erkrankung

§ 169

Sowjetische Sozialwissenschaftler sind geneigt, die Rede zentral zu sehen und nicht die fixierte Schriftsprache. Denn Fixierungen verallgemeinern immer eine Lage und drängen andere Lagen in diese Verallgemeinerungen. Fixierungen sind die Basis für Formalisierungen. Psychologisch gesehen, steigert zwar die Fixierung die Dranghaftigkeit bewußter Tätigkeit, hemmt aber ihre Entfaltung (L. G. Kančaveli 24). Fixierungen etwa, wie sie das Strafrecht vorsieht, können nur bei Leuten, die die strafrechtliche Gesetzesförmigkeit verinnerlicht haben, Ängste hervorrufen. Im ganzen aber ist der Erfolg der Strafgesetze mäßig: So dachten etwa knapp zwei Drittel aller Rowdys überhaupt nicht an die spätere Bestrafung. Und von den jugendlichen Straftätern, deren Anteil auch in der UdSSR steigt, dachten insgesamt über die Hälfte nicht an Strafe. Insgesamt schwankten angesichts späterer Bestrafung überhaupt nur 16% aller Täter, die Tat zu begehen oder nicht (K. E. Igošev 150 – 154; G. Chazak 7). 47% der Straftäter dachten nicht an den Schaden, den sie anrichten. Anders das Bild allerdings bei Schädigung der Gesellschaft durch Vermögensdelikte. Auf diese Delikte entfällt der Großteil aller Rückfalltaten, und diese Delikte werden von Frauen öfter verübt als von Männern. Dennoch war es nur ein Zehntel aller Täter, die diese Delikte ohne Schwankungen begingen (K. E. Igošev 150, 151; M. N. Golodnik 35, 26; Gavrilov/Chan-Magomedov/Vasil'ev 110). Insgesamt ist, auch wenn die Strafe vergegenwärtigt wird, die Abschreckungswirkung der Strafe nicht allzu hoch anzusetzen.

§ 170

Ein Vordringen der Formalisierung im Strafrecht würde kaum etwas an der Kriminalität ändern. Sie würde nur den Mißstand steigern, daß Förmlichkeit von denen, die an sie glauben, als immer zwanghafter empfunden wird, während zur selben Zeit Förmlichkeit immer weniger das Handeln steuert. Das vermag vielmehr die offene, die nicht formalisierte Rede, die denn auch als Hauptindikator für die Stellung des einzelnen (R. A. Ibragimova 18) und für seine soziale Betätigung gilt. Die Rede mangelt der Förmlichkeit auch deswegen, weil sie anders als die Aussagesätze nicht die Bedeutung hat, wahr oder falsch zu sein (N. G. Komlev 73). Diese Bedeutung hat indessen die Sprache der Informatik, die auch unter diesem Aspekt der Rede entgegengesetzt ist. Zwar wird auch der Schriftsprache eine große Bedeutung für die Steuerung des Handelns zuerkannt (R. A.

Ibragimova 18; Kapustin/Taras'enko 50; E. I. Teplickaja 116). Und man hat auch herausgefunden, daß Russen – wie Europäer überhaupt – sich weit mehr von der Sprache leiten lassen als etwa Asiaten, insbesondere Vietnamesen, und weit weniger ihren Augen trauen als jene, so etwa bei Farben, die benannt werden (Buj dinj Mi 15, 25 – 27). Das alles indessen heißt aber nicht, daß die neuhumboldtsche Sapir-Whorf-These akzeptiert wird, wonach die Grenzen der Sprache die Grenzen der Welt sind. Vielmehr ist Sprache nur Rahmen eines Weltbildes, das, vor allem in der Rede, sich auch aus vielen außersprachlichen Reizen und Wahrnehmungen herausbildet. Und wandelt sicht das Bild, dann auch der Rahmen, nicht aber umgekehrt. Das heißt: Es ist eher das Weltbild, das die Sprache, als die Sprache, die das Weltbild prägt (ebenda; Filosofskie osnovy 45 – 41 unter Berufung auf A. A. Leont'ev 26, 27).

§ 171

Ein weiterer Aspekt, der die Sowjetwissenschaftler davor bewahrt, die Förmlichkeit zu weit zu treiben, in die die Kybernetik eingebettet ist, ist die Gefahr der geistigen Erkrankung. Nach sowjetischen Berechnungen kommen in den westlichen Industriestaaten auf 1.000 Einwohner 130 – 140 psychisch Kranke, in den sozialistischen Ländern 20 – 40, wobei der Anteil der geistigen Erkrankungen in Ost und West steigt (N. F. Kuznecova 11, 14). Bei geistiger Erkrankung ist oft der Intellekt voll erhalten, aber Wille und Gefühl treten auseinander, sind disaggregiert (ebenda; T. N. Bojaršinova 9). Den psychischen Prozessen bei Gesunden und Kranken entsprechen oft sprachliche Prozesse. So entsprechen den seelischen simultanen Syntesen sprachlich Junktionen wie: „schöne Frau“, „blaue Tinte“ und den seelischen sukzessiven Syntesen sprachliche Nexi wie: „die Frau geht“, „die Tinte ist ausgegangen“. Man hat herausgefunden, daß z.B. Schizophrene mehr Nexi als Junktionen gebrauchen, also mehr vollständige Sätze, deren Glieder sie anstücken, als sinnenfällige Zusammenfassungen, Gesunde dagegen umgekehrt. Auch ziehen Schizophrene paradigmatische Verbindungen vor, die nicht Gegenwärtiges verknüpfen, Gesunde dagegen syntagmatische, die gegenwärtig Wahrgenommenes anreihen (V. N. Golod 154 – 156). Rechnet man hinzu, daß gesundete Schizophrene in aller Regel oft rigid in der Normbefolgung sind, zur Selbstbestrafung und klischeehafter Idealvorstellung neigen (T. N. Bojaršinova 9), so drängt sich der Eindruck auf, daß derjenige, der die Norm und die mit ihr verbundene Förmlichkeit total verinnerlicht hat, eher krank als gesund ist.

Soziale Informatik und öffentliche Meinung in der UdSSR

§ 172

Geisteskrankheit und Verbrechen sind mit Ausnahme einiger Sparten wie Neurose oder Betrug auch in der UdSSR Sache der minder Gebildeten und der zur Routinearbeit Abgestellten. Deren Flucht in Gesetzesbruch und Krankheit meint zum guten Teil Auflehnung gegen eine ihnen fremde Förmlichkeit: Sie lernen – oft gewaltsam – nur die Anpassung an die Satz- und Gesetzesform, kaum aber den freien Umgang mit ihnen. Anders dagegen die Gebildeten, die auch lernen, Normen zu unterlaufen oder Krankheitssymptome für ihre Zwecke einzusetzen.

Eine angemessene Einschätzung der Kybernetik und Informatik wird nicht die Lebenswelt der sozial Benachteiligten zum Maßstab nehmen können, aber auch nicht die in der Formalität geübten städtischen Mittelschichten. Diese werden im gegenwärtigen Entwicklungsstand der Sowjetgesellschaft nicht mehr unterdrückt wie früher, sondern sie sollen zur sozialistischen Aufbauarbeit herangezogen und zu proletarisch-solidarischem Verhalten umerzogen werden (A. P. Stepin 234). Mag auch hierin ein Stück sozialer Verklärung stecken: Fest steht, daß die Oktoberrevolution die einzige neuzeitliche Bewegung war, die von einfachen Leuten getragen und siegreich beendet wurde. Damit wurde auch jedenfalls teilweise die Lebenswelt und Umgangsweise der einfachen Leute zur öffentlichen Umgangsweise erhoben. Z.B. zeigt sich der sowjetische Staat sinnenfälliger, er ist gegenwärtiger als der abstrakt-liberale Rechtsstaat des Westens. Und es mag sein, daß, da die sowjetische Öffentlichkeit weniger mittelschichtig geprägt ist als die westliche, sie der einfache Mann eher als die seine empfindet und weniger an ihr erkrankt als etwa im Westen der Arbeiter, der sich hier in einer durch und durch mittelschichtlich geprägten Öffentlichkeit oft verloren und fremd vorkommt.

§ 173

Die öffentliche Meinung ist in der UdSSR nicht ohne Bedeutung. Die öffentliche Meinung wird durch Befragungen festgestellt und mitunter auch dann veröffentlicht, wenn die Leute wenig schmeichelhaft etwa über die Behörden urteilen. So antworteten bei einer Befragung in Estland auf die Frage:
„Wenn Sie sich mal an die Miliz um Hilfe wenden mußten; in welchem Maße waren Sie mit der Ihnen erwiesenen Hilfe zufrieden?“:

55,4%	–	schwer zu sagen;
8,3%	–	zufrieden;
4,2%	–	im Großen ganzen zufrieden;
10,4%	–	kaum zufrieden;
11,7%	–	völlig unzufrieden (Chazak/Livšic 12).

Bei der von R. A. Safarov durchgeführten Befragung im Gebiet von Kalinin antworteten von den örtlichen Staatsbediensteten auf die Frage, wie sich die Volksmeinung auf die Verwaltung auswirkt:

42,3%	–	sie weist auf Mängel und Fehler hin;
20,8%	–	sie verhütet Fehler;
19,8%	–	sie verweist auf Wege, Fehler zu beseitigen (R. A. Safarov 131 – 133; ders., Problemy 22).

Jeweils ein knappes Viertel wollten, nach dem Inhalt der gewünschten Information befragt, über die Wirtschaftspläne und deren Erfüllung unterrichtet werden sowie über die Erfüllung der Wähleraufträge (R. A. Safarov, Informirovanie 26). Ein Mangel an Übereinstimmung zwischen Verwaltung und Bevölkerung ist daran zu erkennen, wie sich die Staatsbediensteten im Vergleich zu anderen Bürgern auf die Frage äußerten, inwieweit die Behörden die Meinung der Bürger beachten (es folgen zuerst die Prozentzahlen der Antworten der Bediensteten und dann die der Bevölkerung):

gar nicht	–	4,0%	und	11,4%;
zum Teil	–	80,8%	und	55,1%;
völlig	–	5,4%	und	6,9%;
schwer zu sagen	–	7,6%	und	22,3%

(R. A. Safarov, Organy 23; ders., Avtoreferat 13).

§ 174

Bezeichnend für den nicht erfüllten Wunsch der Bevölkerung, etwa in Investitionsangelegenheiten mit zu entscheiden, ist der Ausspruch: „Die Bevölkerung ist mehr für den Bau von Wohnhäusern als für den Bau von gesellschaftlichen Bauten“ (R. A. Safarov 162). Wichtig in unserem Zusammenhang ist auch noch, wie der Einklang von Bevölkerung und Staatsverwaltung erreicht werden soll: 55,1% der Befragten sprachen sich für mündliche Formen aus, insbesondere für

Unterredungen mit Abgeordneten (17,9%) sowie für das Auftreten in öffentlichen Versammlungen (16,9%). 23,2% der Befragten traten für die Veröffentlichung von Meinungsäußerungen aus der Bevölkerung in den Massenmedien ein (R. A. Safarov 172; Kompleksnye 222). Aus all dem kann man entnehmen: Auch die öffentliche Meinung begünstigt nicht gerade eine umfassende Formalisierung und in deren Gefolge Kybernetisierung sozialer Vorgänge. In den angeführten Meinungsäußerungen spricht sich ein gewisses Mißtrauen gegenüber der Verwaltung aus, die nach Ansicht der Befragten dringend der Überwachung bedarf. Eine solche korrekturbedürftige Administration aber wird durch Kybernetisierung und Formalisierung noch unanfechtbarer und kann sich wirksamer gegen Einwürfe abschirmen. In diese kritische Haltung gegenüber der öffentlichen Verwaltung fügt sich auch die Bevorzugung der mündlichen Rede ein. Denn wird diese Form der Auseinandersetzung gewählt, so müssen die Betroffenen gegenwärtig Rede und Antwort stehen und können sich nicht hinter Formularen und Formalismen verstecken.

Soziale Informatik zwischen Verdinglichung und Verinnerlichung

§ 175

Es dürfte klar geworden sein, daß die bis heute fruchtbaren und ungebrochenen Grundströmungen der russischen Gesellschaft und Gesellschaftswissenschaft nicht die Objektivierung, Formalisierung und Internalisierung sozialer Prozesse begünstigen. Darüber täuscht auch nicht die hohe Geschwindigkeit der Industrialisierung und der Verstädterung hinweg, zumal diese noch lange nicht das Ausmaß der westlichen Industrieländer erreicht haben und damit noch nicht die Prägekraft, wie sie hierzulande Stadt und Industrie ausüben. Doch hinterläßt die stürmische, in vielem auch unausgewogene Entwicklung Spuren in der Gesellschaft wie im einzelnen. In der Wissenschaft macht sich eine gewisse Unsicherheit über die Werte und Tugenden breit. So wird gemeinhin die „Konkretheit des Denkens“ der bürgerlichen Abstraktheit gegenübergestellt und als Tugend der marxistischen Dialektik ausgegeben. Anderseits wird gerade diese „Konkretheit des Denkens“ in der gerichtlichen Psychiatrie als Ausweis eines geringen Intellekts angeführt, als Symptom einer Geisteskrankheit (S. P. Ščebra 72). Insgesamt wird der belastende soziale Konflikt in der Person des einzelnen, der ihn verinnerlicht hat, als neurotischer Konflikt erfahren (B. D. Karvasarskij 168; Ch. R. Kopystanskaja 7 – 17). Dieser Konflikt indessen, entsteht öfter aus einer Überangepaßtheit an Normen und Leistungsanforderungen als aus mangelnder Anpassung an sie (Ch. R. Kopystanskaja 16,17).

§ 176

Es ist deutlich, daß übergroße Angepaßtheit an formale Tugenden und daß deren überstarke individuelle Verinnerlichung, die den Prozeß der Kybernetisierung fördern, eher im Westen heimisch sind als in der Sowjetunion. Entsprechendes gilt auch für die Mobilität.

Oft löst erst der Bruch mit dem Herkommen eine hohe räumliche Beweglichkeit und Verschiebbarkeit aus. Hier sind die Leiter höchster Stufe die relativ Mobilsten (31,29% dieser Gruppe) und die am wenigsten Stabilen (45,4% dieser Gruppe). Es folgen in der Mobilität die Leiter mittlerer Stufe (24,2% und 52,0%). An vorletzter Stelle stehen landwirtschaftliche Mechaniker, von denen 18,7% sich räumlich verändern wollen und 63,3% nicht. An letzter Stelle stehen die Viehhalter mit 16,0% an Mobilen und 61,4% an Stabilen. Die Angehörigen dieser Berufsgruppe werden, wenn überhaupt, nicht so sehr durch die Art ihrer Beschäftigung zum Ortswechsel angeregt, als vielmehr durch das Verlangen, in Stadtgebiete zu ziehen. Aber auch zwei Drittel der mobilen Leiter höchster Stufe wollen vor allem den Ort wechseln: hier aber umgekehrt von der Stadt zum Land (Logiko-metodologičeskie problemy 156, 157).

Im ganzen läßt sich feststellen: Mit der Verstädterung und Industrialisierung breitet sich zwar auch die Förmlichkeit in der UdSSR aus, sie wird aber lange nicht so stark verinnerlicht wie in den westlichen Ländern. Kybernetik und Informatik stehen in der UdSSR mehr der Ideologie des Staates nahe als der Psychologie der Sowjetbürger, mehr der staatlich-sozialen Basisdoktrin als dem Alltagsbewußtsein der Massen.

§ 177

In der sowjetischen Sozialwissenschaft wird das Widerspiel von normativer Ideologie und empirischer Sozialpsychologie durchaus bemerkt. Man sieht aber auch, daß die Ideologie nicht nur das Bewußtsein der Massen formt, sondern auch von deren Bewußtsein getragen wird (E. A. Lukaschewa 117; Social'naja psichologija 10 – 25). Zur Ideologie gehört z.B. die rigide Sozialkontrolle in der Sowjetunion. Arten dieser Sozialkontrolle sind z.B. die sowjetische Psychiatrie (vgl. Instruktion vom 14.02.1967, Sudebnaja psichiatrija 66) oder die gerichtliche Ermittlung, für die bezeichnend ist, daß 70% der Ermittlungsrichter Mitglieder der KPdSU sind (N. J. Chljupin 213). Bei all dem muß indessen beachtet werden, daß die Ideologie samt ihrer rigiden Sozialkontrolle im Bewußtsein der Massen verankert ist:

Für Rußland und die Russen z.B. ist die leibliche Gewalt sinnenfälliger und erfahrbarer als geistige Macht, als Abhängigkeit etwa von formalen Fernbeziehungen, für welche die Informatik steht. Der westliche Beobachter versteht oft nicht, daß, obgleich die Behörden und Ministerien doch alle Gewalt haben, etwa eine einheitliche Klassifikation als Grundlage eines umfassenden Rechtsinformationssystems einzuführen, ihnen das nicht gelingt. Dies gelingt ihnen mangels Macht nicht. Es sind keine markt- oder gesetzmäßigen Fernbeziehungen entstanden, die die Basis für eine begrifflich abstrakte Kommunikation bilden könnten. Hier schlägt der historische Umstand durch, daß es weniger die russischen Kaufleute waren, die das Reich der Russen erweiterten, sondern Kriegsleute, Haudegen wie Kosaken, die durch Formalbeziehungen überfordert waren und überfordert sind.

Soziale Informatik in der UdSSR im Vergleich zur Bundesrepublik Deutschland

§ 178

Die innerliche Bewandtnis Deutschlands mit der Sozialkybernetik der Sowjetunion liegt im deutschen Idealismus. Diese Strömung faßte in der Spielart des objektiven Idealismus oder, was nur ein Ausfluß des objektiven Idealismus ist, des Materialismus in der Sowjetunion Fuß. Der rationale Kern des objektiven Idealismus ist der, daß soziale Dinge förmlich zugerichtet sind, daß sich also die idealen Parameter der Geometrie und der Grammatik sozial vielfach durchgesetzt haben. Kybernetik und Informatik treiben diese Entwicklung weiter voran. Diese Entwicklung kann also auch im Kontext des objektiven Idealismus angemessener erörtert und verortet werden als etwa im Kontext des subjektiven Idealismus. Diese Strömung prägt etwa in der Spielart der Popperschen Forschungslogik, die ja von Fichte herstammt (T. M. Chabarova 14 – 19) die westliche und leider auch die bundesdeutsche Sozialwissenschaft. Diese Theorie, die, wenn es hochkommt, bestenfalls eng begrenzte formale Abläufe in den Griff kriegt, ist der Kybernetik gegenüber hilflos. Zwar sicherte bislang die politische Entsprechung des subjektiven Idealismus, das System der Menschen- und Bürgerrechte, den Freiheitsbereich des einzelnen gegenüber der Informationsindustrie ab. Aber die Entwicklung gerade seit Anfang der Siebziger Jahre scheint von den Verantwortlichen nicht mehr beherrscht zu werden, scheint überhaupt Kategorien wie persönliche Verantwortung und Zuständigkeit von Behörden entwachsen zu sein.

§ 179

Kybernetik und Informatik sind Früchte mittelschichtlich-bürgerlicher Sozialisation und Herrschaftsweise. Diese Weise hat in der Bundesrepublik gründlich gesiegt, nicht aber in Rußland. Hier hat sich eine bäuerlich-proletarische Verkehrsweise erhalten, die einer umfassenden Kybernetisierung zuwiderläuft. Zwar hat der industrielle Takt auch in der UdSSR sehr viel zerschlagen, was gewachsen ist. Doch gibt es Landstriche, die noch verschont geblieben sind, und gibt es Gesellungsweisen, die noch nicht zu Kleinfamilien zerfallen sind. Das gilt geographisch für die Landbevölkerung, gilt politisch für die mittelasiatischen Sowjetrepubliken und gilt ideologisch für den Rätegedanken, das staatstragende Prinzip des Sowjetreichs. Daß also Kybernetik auch in der UdSSR vorrückt, ist eher der vergleichsweisen Rückständigkeit in der Produktion zuzuschreiben als einer rückständigen Sozialwissenschaft. Betrachtet man diese, dann wird man ihr im großen Ganzen ein gutes Zeugnis ausstellen müssen: Sie hat ein stärkeres Problembewußtsein als die westlich geprägte Sozialwissenschaft, sie ist nicht so einseitig und hat zudem einen größeren Erfolg. Denn sie hat mit dazu beigetragen, das Volk der Russen, das im ganzen ebenso zahlreich ist wie die deutsche Bevölkerung in Europa, in den Rang einer Weltmacht zu bringen und dort zu halten, ohne daß die anderen sowjetischen Völker vernichtet oder in Rückständigkeit und Sklaverei gehalten würden. Die sowjetische Sozialwissenschaft mag für westliche Begriffe nicht genug für die Ausbreitung des Freiheitsgedankens getan haben. Sie hat aber einer umfassenden Kybernetisierung des sozialen Geschehens und einer lückenlosen Überwachung durch Rechner und Maschinen mehr entgegen zu setzen als vergleichsweise die westliche Sozialwissenschaft.

§ 180

Ich habe versucht, die soziale Kybernetik Rußlands und der Völker der UdSSR zu schildern und sie in das kulturelle Umfeld einzubetten. Ich habe wiederholt in Rußland gelebt und mich im Frühjahr 1978 mit einigen führenden Vertretern der sowjetischen Rechtskybernetik in Moskau unterhalten. Im Frühjahr 1979 ließ ich das Manuskript des vorliegenden Buches von einigen meiner Kollegen in Moskau durchsehen.

Mein Eindruck ist: Man hat dort die Entwicklung besser in der Hand als etwa in der Bundesrepublik. Hier sind Kybernetik, Technik und Informatik gewissermaßen zu eigenständigen Zweigen ausgewachsen, die sich gegen ihre Erfinder wenden. Eine dürftige Forschungstheorie und eine hochformale Ästhetik sind resignative Begleiterscheinungen eines Prozesses, in dem uns das Wesentliche zu entgleiten droht. Im Akademiehotel in Moskau, wo ich mehrere Monate lang wohnte, erzählte mir ein Physiker aus der DDR, der am sowjetischen Raumfahrtprogramm beteiligt ist: Er hält sich Augen und Ohren zu, wenn er das grobe Gerät sieht, das da ins All geschossen wird, und die Leute hört, die das zusammenhämmern und damit starten. Indessen: Sie kamen damit ins Weltall und zur Erde zurück. Die russische Abneigung gegen Tüftelei im Kleinen und gegen Formalästhetik im Großen (vgl. V. Perevedencev) mag auf eine mangelnde Werkgesinnung der Russen verweisen. Unter dem Aspekt der Beherrschbarkeit von Technik aber wie auch unter dem Aspekt des richtigen Umgangs mit der Informatik und Automation ist diese Gesinnung unverzichtbar. In diesem Punkt haben die Deutschen gewiß von den Russen zu lernen.

Namenverzeichnis

Die Zahlen verweisen auf die §§.

Literaturverzeichnis

Achundov, M. D.: Prostranstvo i vremja v aksiomatičeskom podchode k fizičeskoj teorii (Raum und Zeit im axiomatischen Ansatz der physikalischen Theorie). Filosofskie nauki (Philosophische Wissenschaften) 1978, Heft 2, S. 76–85

Alekseev, S. S.: Vvedenie v juridičeskuju special'nost (Einführung in das Fach Jurisprudenz). Moskau "Juridičeskaja literatura" 1976

Anan'ev, A. I./Semjaškin, F. I.: Rezul'taty analiza dejatel'nosti načal'nikov cechov (Ergebnisse einer Analyse der Tätigkeit von Abteilungsleitern). In: Voprosy soveršenstvovanija upravlenija proizvodstvom (Fragen der Vervollkommnung der Produktionsverwaltung). Sverdlovsk 1977, S. 69–74

Anan'eva, A. N.: Opyt izučenija organizacii myslitel'noj dejatel'nosti v zavisimosti ot professional'noj napravlennosti (Ein Erfahrungsbericht über die Organisation der Denktätigkeit in Abhängigkeit von der beruflichen Ausrichtung). Autoreferat der psychologischen Kandidatendissertation. Leningrad 1975

Anderson, E. R./Belz, F. C./Blum, E. K.: Semanol (73). A Metalanguage for Programming the Semantics of Programming Languages. Acta Informatica 6 (1976), S. 109–131

Andreev, N. D./Kerimov, D. A.: Vozmožnosti ispol'zovanija kibernetičeskoj techniki pri rešenii nekotorych pravovych problem (Möglichkeiten der Verwendung der kybernetischen Technik zur Lösung einiger Rechtsprobleme). In: Kibernetiku na službu kommunizmu (Die Kybernetik in den Dienst des Kommunismus!). Moskau/Leningrad "Gosudarstvennoe energetičeskoe izdatel'stvo" 1961, S. 234–241

Andreev, N. D./Kerimov, D. A.: O. vozmožnostjach kibernetiki pri rešenii pravovych problem (Über die Chancen der Kybernetik, Rechtsprobleme zu lösen). Voprosy filosofii (Fragen der Philosophie) 1960, Heft 7, S. 106–110

Annaev, A. G./Tovstik, L. I.: Osnovnye proektnye rešenija po funkcionirovaniju ASPR Gosplana TSSR v režime dolgosročnogo planirovanija (Grundentscheidungen zum Funktionieren des automatisierten Entscheidungssystems des Staatlichen Plankomitees der Turkmenischen Sozialistischen Sowjetrepublik in der Langzeitplanung). In: Avtomatizirovannye sistemy planirovanija i upravlenija (Automatisierte Systeme der Planung und Verwaltung). Heft 2. Aščhabad 1976, S. 93–108

Apt, L. F.: Analiz sostavlenija slovarnych statej juridičeskogo tezaurusa (Eine Analyse der Zusammenstellung von Wörterbuchartikeln für einen juristischen Thesaurus). Sovetskoe gosudarstvo i pravo (Sowjetstaat und Recht) 1977, Heft 12, S. 104–107

Azzalino, Walther: Grundzüge der englischen Sprache und Wesensart. Halle (Saale) 1954

Azzalino, Walther: Die Wortstellung im King Horn. Diss. Halle–Wittenberg. Halle 1915

Babaev, V. K.: Logika prava: osnovnye napravlenija issledovanij (Die Rechtslogik: Grundströmungen der Forschung). In: Problemy teorii socialističeskogo gosudarstva i prava (Probleme der Theorie des sozialistischen Staates und Rechts). Hrg. Institut für Staat und Recht der Akademie der Wissenschaften der UdSSR. Moskau 1977, S. 121–124

Bačilo, I. L./Katrič, S. V.: Osnovnye napravlenija razrabotki organizacionno-pravovogo obespečenija ASU (Hauptarbeitsrichtungen bei der organisationsrechtlichen Absicherung Automatisierter Steuerungssysteme). Sovetskoe gosudarstvo i pravo (Sowjetstaat und Recht) 1975, Heft 8, S. 48–53

Bačilo, I. L./Katrič, S. V.: Sistemno – funkcional'nyj podchod v sozdanii ASU (Der systemfunktionale Angang bei der Schaffung automatisierter Steuerungssysteme). In: Voprosy kibernetiki. Vypusk 40. Pravovaja kibernetika (Fragen der Kybernetik. Heft 40. Rechtskybernetik). Moskau "Sovetskoe Radio" 1977

Bataroev, K. B.: Kibernetika i metod analogij (Die Kybernetik und die Methode der Analogie). Moskau "Vysšaja škola" 1974

Berg, A. I.: Einleitung zu dem Sammelband: Kibernetiku na službu kommunizmu (Die Kybernetik in den Dienst des Kommunismus!). Band I. Moskau/Leningrad "Gosudarstvennoe energetičeskoe izdatel'stvo" 1961, S. 7–33

Birjukov, D. M.: Biosocial'naja priroda intuicii i ee rol' v predvidenii (Die biosoziale Natur der Intuition und ihre Bedeutung für die Vorausschau). Autoreferat der philosophischen Kandidatendissertation. Taškent 1976

Blauberg, I. V.: Celostnost' i sistemnost' (Ganzhaftigkeit und Systemhaftigkeit). In: Sistemnye issledovanija (Systemforschungen). Jahrbuch 1977. Moskau "Nauka" 1977, S. 5–28

Bogin, G. I.: Protivorečija v processe formirovanija rečivoj sposobnosti (Widersprüche im Verlauf der Herausbildung der Fähigkeit zur Rede). Kalinin 1977

Bojaršinova, T. N.: Rol' psichologičeskich osobennostej bol'nych vjalotekuščej šizofreniej v ich social'no-trudovoj readaptacii (Die Bedeutung psychologischer Besonderheiten bei an der schleichenden Schizophrenie Leidenden bei ihrer gesellschaftlichen und arbeitsmäßigen Wiedereingliederung). Autoreferat der psychologischen Kandidatendissertation. Moskau 1976

Bojko, E. I.: Mechanizmy umstvennoj dejatel'nosti. Dinamičeskie vremennye svjazi (Mechanismen der Verstandestätigkeit. Dynamische Zeitverknüpfungen). Moskau "Pedagogika" 1976

Brajnin, M. S.: K voprosu o meževedomstvennom soglasovanii statističeskoj informacii o sostojanii prestupnosti i sudimosti (Zur innerbehördlichen Abstimmung über die statistische Information über den Stand der Kriminalität und der Verurteilung). In: Osnovy pravovoj kibernetiki (Grundlagen der Rechtskybernetik). Hrg. Allunionsforschungsinstitut für gerichtliche Begutachtung. Moskau 1976, S. 118–132

Bražnikov, Ju. M.: Specifika struktury obydennych znanij (Die Eigenart der Struktur des Alltagswissens). In: Voprosy filosofii i sociologii (Fragen der Philosophie und der Soziologie). Tomsk, Universitätsverlag 1976, S. 45–46

Brjabrin, V. M.: Dialogovaja informacionno-logičeskaja sistema (Ein dialogisches Informationssystem). In: Semiotika i informatika (Semiotik und Informatik). Heft 9. Hrg. Allunionsinstitut für wissenschaftliche und technische Information. Moskau 1977, S. 3–22

Brutjan, G. A.: Filosofskaja priroda teorii argumentacii i priroda filosofskoj argumentacii (Die philosophische Natur der Theorie der Argumentation und die Natur der philosophischen Argumentation). Teil 2. Filosofskie nauki (Philosophische Wissenschaften) 1978, Heft 2, S. 38–46

Bueva, L. P.: Dejatel'nost' kak ob-ekt social'noj psichologii (Das Handeln als Gegenstand der Sozialpsychologie). In: Metodologičeskie problemy social'noj psichologii (Methodologische Probleme der Sozialpsychologie). Moskau "Nauka" 1975, S. 45–64

Buj dinj Mi: Vzaimootnošenija jazyka, kul'tury i nacional'noj specifiki psichiki v poznavatel'noj dejatel'nosti (Wechselbezüge der Sprache, der Kultur und der nationalen Eigenheit der Psyche in der Erkenntnistätigkeit). Autoreferat der psychologischen Kandidatendissertation. Moskau 1973

Bykov, L. A.: Avtomatizacija upravlenija v organach prokuratury (Die Automatisierung der Verwaltung in der Staatsanwaltschaft). In: Voprosy kibernetiki. Vypusk 40. Pravovaja kibernetika (Fragen der Kybernetik. Heft 40. Rechtskybernetik). Moskau "Sovetskoe Radio" 1977, S. 89–96

Čelovek i EVM. Psichologičeskie problemy avtomatizacii upravlenija (Der Mensch und die elektronische Rechenmaschine. Psychologische Probleme der Automatisierung der Verwaltung). Moskau "Ekonomika" 1973

Chabarova, T. M.: Problema soderžatel'noj logiki i pozitivizm (Das Problem der inhaltlichen Logik und der Positivismus). In: Iz istorii zarubežnoj filosofii XIX–XX vekov (Aus der Geschichte der ausländischen Philosophie des 19. und 20. Jahrhunderts). Verlag der Moskauer Universität, Moskau 1967, S. 5–23

Chazak, G.: O nekotorych problemach bor'by s prestupnost'ju i inymi pravonarušenijami v Estonskoj SSR (Über einige Probleme des Kampfes gegen das Verbrechen und andere Rechtsbrüche in der Estnischen SSR). In: Trudy po kriminologii. Učenye zapiski tartuskogo gosudarstvennogo universiteta (Arbeiten zur Kriminologie. Gelehrte Schriften der Staatsuniversität Tartu). Band V, Tartu 1976, S. 3–11

Chazak, G./Livšic Ju.: Motivacija obščestvennoj aktivnosti (Die Motivierung zu gesellschaftlicher Aktivität). Sovetskoe pravo (Sowjetrecht) 1978, Heft 1, S. 9–13

Chljupin, L. I.: Voprosy NOT v sledstvennoj rabote (Fragen der wissenschaftlichen Organisation der Arbeit in der Strafverfolgung). In: Problemy ugolovnogo processa i kriminalistiki (Probleme des Strafprozesses und der Kriminalistik). Sverdlovsk 1973, S. 211–218

Chochrjakov, G. F.: O primenenii sistemnogo analiza v issledovanii vlijanija uslovij novogo goroda na protivopravovoe povedenie ego naselenija (Über die Anwendung der Systemanalyse in der Erforschung des Einflusses der Bedingungen einer neuerbauten Stadt auf das gesetzeswidrige Verhalten der Einwohner). In: Voprosy sovetskoj kriminologii (Fragen der sowjetischen Kriminologie). Hrg. Allunionsinstitut für die Erforschung der Verbrechensursachen und die Erarbeitung von Maßnahmen zur Verbrechensverhinderung. Teil I. Moskau 1975, S. 129–142

Chramcova, N. V.: Primenenie algoritmov avtomatičeskoj kvalifikacii pri matematičeskom modelirovanii prestupnosti v SSR v 1962–1972 gg (Die Anwendung von Algorithmen der automatischen Qualifikation bei der Erfassung der Kriminalität in der UdSSR von 1962 bis 1972 durch mathematische Modelle). In: Voprosy sovetskoj kriminologii (Fragen der sowjetischen Kriminologie). Teil II. Moskau 1976, S. 107–111

Chvatkov, G. N.: Aktual'nye problemy ideologičeskoj bor'by na sovremennom etape (Aktuelle Probleme des ideologischen Kampfes in der heutigen Zeit). Sovetskaja pedagogika (Sowjetpädagogik) 1978, Heft 2, S. 76 -93

Čugunov, V. E./Gorskij, G. F.: Ispol'zovanie kibernetičeskich i sčetno-analitičeskich mašin v konkretno-sociologičeskich issledovanijach pričin prestupnosti i ličnosti prestupnika (Die Verwendung kybernetischer und analytischer Registriermaschinen in der empirischen Erforschung der Verbrechensursachen und der Person des Verbrechers). In: Voprosy kibernetiki i pravo (Fragen der Kybernetik und das Recht). Moskau 1967, S. 150–163

Cukanova, N. I.: Nekotorye osobennosti funkcionirovanija narečij mesta v chudožestvennom i razgovornom stiljach (Einige Besonderheiten der Funktion von Ortsadverbien im künstlerischen und im Umgangsstil). In: Aktual'nye voprosy sovremennogo jazykoznanija i literaturovedenija (Aktuelle Fragen der gegenwärtigen Sprach- und Literaturwissenschaft). Taškent 1977, S. 57–61

Deev, A. F./Gal'perin, L. B./Ivanov, Ju. T.: Kibernetika i rešenie nekotorych pravovych zadač (Die Kybernetik und die Lösung einiger Rechtsfragen). In: Voprosy kibernetiki i pravo (Fragen der Kybernetik und das Recht). Moskau 1967, S. 115–133

Dittmar, Norbert: Soziolinguistik. Exemplarische und kritische Darstellung ihrer Theorie, Empirie und Anwendung. Frankfurt/Main 1973

Dobrov, G. M.: Nauka o nauke. Vvedenie v obščee naukovedenie (Die Wissenschaft von der Wissenschaft. Einführung in die allgemeine Wissenschaftslehre). 2. Aufl., Kiev 1970

Dobrov, G. M./Korennoj, A. A.: Nauka: Informacija i upravlenie. Informacionnye problemy upravlenija naukoj (Die Wissenschaft: Information und Verwaltung. Informationsprobleme der Wissenschaftsverwaltung). Moskau "Sovetskoe Radio" 1977

Dobrušin, R. L./Churgin, Ja. I.: Voprosy teorii informacii (Fragen der Informationstheorie). In: Kibernetiku na službu kommunizmu (Die Kybernetik in den Dienst des Kommunismus!). Band I. Moskau/Leningrad "Gosudarstvennoe energetičeskoe izdatel'stvo" 1961, S. 71–79

Edžubov, L. G.: Ispol'zovanie kibernetiki i EVM v kriminalistike i sudebnoj ėkspertize (Die Verwendung von Kybernetik und EDV in der Kriminalistik und der gerichtlichen Begutachtung). In: Kibernetika i pravo (Die Kybernetik und das Recht). Moskau "Znanie" 1970, S. 7–76

Edžubov, L. G.: Kibernetika i nekotorye voprosy sudebnogo počerkovedenija (Die Kybernetik und einige Fragen der gerichtlichen Handschriftenermittlung). In: Voprosy kibernetiki i pravo (Fragen der Kybernetik und das Recht). Moskau "Nauka" 1967, S. 220–243

Edžubov, L. G.: Nekotorye kriminalističeskie problemy avtomatizacii sudebnoekspertnych issledovanij (Einige kriminalistische Probleme der Automatisierung gerichtsgutachtlicher Erhebungen). In: Voprosy kibernetiki. Vypusk 40. Pravovaja kibernetika (Fragen der Kybernetik. Heft 40. Rechtskybernetik). Moskau "Sovetskoe Radio" 1977, S. 159–172

Edžubov, L. G./Litinskij, S. A.: Resul'taty i perspektivy primenenija EVM v sudebno-avtotechničeskoj ekspertize. (Ergebnisse und Aussichten der Anwendung von EDV im verkehrstechnischen gerichtlichen Sachverständigengutachten). Ebenda, S. 118–131

Eisman, A. A.: Logika sudebnogo dokazyvanija (Die Logik der gerichtlichen Beweisführung). In: Kibernetika i pravo. (Die Kybernetik und das Recht). Moskau "Znanie" 1970, S. 25–35

El'bur, R. E.: Ispol'zovanie apparata proektivnoj geometrii v processe identifikacii ličnosti po fotosnimkam (Die Verwendung des Apparates der projektiven Geometrie zur Identifikation von Personen nach Fotoaufnahmen). In: Voprosy kibernetiki i pravo (Fragen der Kybernetik und das Recht). Moskau "Nauka" 1967, S. 267–287

Elias, Norbert: Der Prozess der Zivilisation. 2 Bände. Frankfurt/Main 1976

Filosofskie osnovy zarubežnych napravlenij v jazykoznanii (Die philosophischen Grundlagen der Strömungen in der ausländischen Sprachwissenschaft). Moskau "Nauka" 1977

Frege, Gottlob: Über Sinn und Bedeutung. In: Gottlob Frege: Funktion, Begriff, Bedeutung. Fünf logische Studien. Hrg. Günther Patzig. 2. Aufl., Göttingen 1966. Russisch in: Semiotika i informatika. Vypusk 8 (Semiotik und Informatik. Heft 8). Moskau 1977, S. 181–210

Gaevskaja, V. A.: Osobennosti razvitija myslitel'nych funkcij studentov pedagogičeskogo vuza (Besonderheiten der Entwicklung der Denkfunktionen von Studenten einer pädagogischen Hochschule). Autoreferat der psychologischen Kandidatendissertation. Leningrad 1976

Gamezo, M. V.: Znaki i znakovoe modelirovanie v poznavatel'noj dejatel'nosti (Zeichen und Zeichenmodellbildung in der Erkenntnistätigkeit). Autoreferat der psychologischen Kandidatendissertation. Moskau 1977

Gatinjan, A. A.: Soderžatel'noe ponimanie prava (Das inhaltliche Rechtsverständnis). In: Problemy teorii socialističeskogo gosudarstva i prava (Probleme der Theorie des sozialistischen Staates und Rechts). Hrg. Institut für Staat und Recht der Akademie der Wissenschaften der UdSSR. Moskau 1977, S. 124, 125

Gavinskij, A. N.: Nekotorye terminologičeskie aspekty dvujazyčnoj leksikografii (Einige terminologische Aspekte einer zweisprachigen Lexikografie). In: Naukovedenie i informatika (Wissenschaftslehre und Informatik). Heft 18. Kiev 1977, S. 90–97

Gavrilov, O. A.: Kibernetičeskie metody v social'no-pravovych issledovanijach (Kybernetische Methoden in der rechtssoziologischen Forschung). In: Kibernetika i pravo (Kybernetik und Recht). Moskau "Znanie" 1970, S. 36–45

Gavrilov, O. A.: Izučenie prava metodami matematičeskoj logiki (Die Erforschung des Rechts mit den Methoden der mathematischen Logik). In: Voprosy kibernetiki i pravo (Fragen der Kybernetik und das Recht). Moskau 1967, S. 36–62

Gavrilov, O. A./Kolemaev, V. A.: Matematičeskie modeli v kriminologii (Mathematische Modelle in der Kriminologie). In: Pravovaja kibernetika (Rechtskybernetik). Moskau "Nauka" 1970, S. 85–104

Gavrilov, O. A./Chan-Magomedov, D. O./Vasil'ev, L. F.: Primenenie vyčislitel'noj techniki pri issledovanii recidivistov (Die Anwendung der Rechentechnik bei der Erforschung der Rückfalldelikte). In: Sovetskoe gosudarstvo i pravo (Sowjetstaat und Recht) 1969, Heft 3, S. 109–113

Golod, V. I.: Psichologičeskie korreljaty nekotorych semantičeskich svjazej (Die psychologischen Korrelate einiger semantischer Verknüpfungen). In: Materialy u vsesojuznogo simpoziuma po psicholingvistike i teorii kommunikacii (Materialien zum Allunions-Symposium über Psycholinguistik und Kommunikationstheorie v. 27.–30. Mai 1975 in Leningrad). Teil I. Moskau 1975, S. 153–156

Golodnik, M. N.: Nekotorye voprosy ženskoj prestupnosti (Einige Fragen der weiblichen Kriminalität). Vestnik Moskovskogo Universiteta. Serija Pravo (Nachrichtenblatt der Universität Moskau. Reihe Recht) 1978. Heft 1, S. 23–30

Gorubanov, V./Andreev, V.: Dejatel'nost' zavodskoj komissii po bor'be s p'janstvom (Die Aktivität einer Betriebskommission für den Kampf gegen die Trunksucht). Socialističeskaja zakonnost' (Sozialistische Gesetzlichkeit) 1976, Heft 3, S. 25, 26

Gorjaško, A. P./Nemirovskij, A. S.: Ocenki informacionnoj stojmosti vyčislenija bulevych funkcij v kombinacionnych schemach (Einschätzung des Informationswerts der Errechnung Boul'scher Funktionen in Kombinationsschaltbildern). In: Problemy peredači informacii (Probleme der Informationsübermittlung). Band XIV, Heft 1, S. 90–100

Granovskij, L. G.: O matematičeskoj teorii identifikacii (Zur mathematischen Theorie der Identifikation). In: Voprosy kibernetiki. Vypusk 40. Pravovaja kibernetika (Fragen der Kybernetik. Heft 40. Rechtskybernetik). Moskau "Sovetskoe Radio" 1977, S. 113–118

Gurova, L. I.: Issledovanie myšlenija kak rešenija zadač (Die Erforschung des Denkens als Aufgabenlösung). Autoreferat der psychologischen Doktordissertation. Moskau 1976

Gusev, S. S.: Metafora sredstvo svjazi različnych komponentov jazyka nauki (Die Metapher als Bindemittel der verschiedenen Bestandteile der Wissenschaftssprache). Filosofskie nauki (Philosophische Wissenschaften) 1978, Heft 2, S. 70–75

Guškov, V.: Industrija pererabotki informacii (Die Industrie der Informationsverarbeitung). Kommunist 1977, Heft 12, S. 41–50

Gutkina, B. S.: Nekotorye osobennosti celepolaganija v sovremennom naučnom poznanii (Einige Besonderheiten der Zielsetzung in der derzeitigen wissenschaftlichen Erkenntnis). In: Aktual'nye metodologičeskie problemy social'nych nauk (Aktuelle methodologische Probleme der Sozialwissenschaften). Leningrad, Universitätsverlag 1976, S. 68–75

Heidegger, Martin: Identität und Differenz. Pfullingen 1957. 2. Aufl.

Ibragimova, R. A.: Rečevoe vyraženie mysli kak filosofsko-psichologičeskaja problema (Die Aussprechung des Gedankens als philosophisches und psychologisches Problem). Autoreferat der philosophischen Kandidatendissertation. Frunze 1973

Igošev, K. E.: Tipologija ličnosti prestupnika i motivacija prestupnogo povedenija (Die persönliche Typologie des Verbrechers und die Motivation der Straftat). Gor'kij 1974

Il'ičev, L. F.: Filosofija i naučnyj progress (Die Philosophie und der wissenschaftliche Fortschritt). Moskau "Nauka" 1977

Il'ina, G. A.: K voprosu o razrabotke metodologičeskich problem pedagogičeskoj nauki (Zur Aufarbeitung der methodologischen Probleme der Erziehungswissenschaft). Sovetskaja pedagogika (Sowjetpädagogik) 1977, Heft 6, S. 61–69

"Iskusstvennyj intellekt" i psichologija (Der „künstliche Intellekt" und die Psychologie). Hrg. Psychologisches Institut der Akademie der Wissenschaften der UdSSR. Moskau 1976

Ivanov, V. V./Šaumjan, S. K.: Lingvističeskie problemy kibernetiki i strukturnaja lingvistika (Linguistische Probleme der Kybernetik und die strukturelle Linguistik). In: Kibernetiku na službu kommunizmu (Die Kybernetik in den Dienst des Kommunismus!). Band I. Moskau/Leningrad "Gosudarstvennoe energetičeskoe izdatel'stvo" 1961, S. 218–234

Ivin, A. A.: Logika norm i teorija prava (Normlogik und Rechtstheorie). In: Pravovaja kibernetika (Rechtskybernetik). Moskau „Nauka" 1973, S. 116–126

Jakovlev, A. M.: Prestupnost' kak social'no-pravovoe javlenie (das Verbrechen als soziale und juristische Erscheinung). Sovetskoe gosudarstvo i pravo (Sowjetstaat und Recht) 1978, Heft 1, S. 74–83

Jurans, V.: Nekotorye voprosy teorii identifikacii ob-ektov s ispol'zovaniem apparata proektivnoj geometrii (Einige Fragen der Theorie der Objektidentifikation mit Hilfe des Apparates der projektiven Geometrie). In: Voprosy kibernetiki i pravo (Fragen der Kybernetik und das Recht). Moskau "Nauka" 1967, S. 288–304

Jusupov, S. N.: Informacionno-poiskovyj jazyk po zakonodatel'stvu (Die Informations- und Suchsprache für die Gesetzgebung). Autoreferat der juristischen Kandidatendissertation Moskau 1974

Jusupov, S. N.: Osobennosti otbora ključevych slov iz pravovogo dokumenta (Besonderheiten der Auswahl der Schlüsselwörter aus einem juristischen Dokument). In: Pravovaja kibernetika (Rechtskybernetik). Moskau "Nauka" 1973, S. 63–67

Jusupov, S. N.: Tezaurus i zakonodatel'stvo (Der Thesaurus und die Gesetzgebung). Sovetskoe gosudarstvo i pravo (Sowjetstaat und Recht) 1978, Heft 5, S. 114–118

Kančaveli, L. G.: Issledovanie sootnošenija fiksirovannoj intellektual'noj ustanovki i poznavatel'noj dejatel'nosti v processe rešenija prostranstvenno-kombinatornych zadač (Der Wechselbezug zwischen intellektueller Fixierung und Erkenntnistätigkeit bei der Lösung von Raumkombinations-Aufgaben). Autoreferat der psychologischen Kandidatendissertation. Tbilisi (Tiflis) 1975

Kantarchiev, A. A.: Primenenie metodov kibernetiki v issledovanii mechanizma pravovogo regulirovanija (Die Anwendung von Methoden der Kybernetik zur Erforschung des Mechanismus rechtlicher Regelung). Autoreferat der juristischen Kandidatendissertation. Moskau/Sofia 1975

Kapustin, A. I./Taras'enko, N. V.: Formirovanie položitel'nych ličnostnych kačestv u umstvenno otstalych škol'nikov (Die Herausbildung positiver Persönlichlichkeitszüge bei geistig zurückgebliebenen Schülern). In: Izučenie ličnosti anomal'nogo rebenka (Die Erforschung der Persönlichkeit des anomalen Kindes. Thesen von einer Konferenz vom 12.–13. April 1977). Moskau 1977, S. 49–51

Karbovskaja, N.S./Margulio, A. M./Jakubovič, M. E.: O klassifikacii informacionnych jazykov i problema sozdanija jazyka opisanija techničeskoj i ekonomičeskoj informacii (Die Klassifikation von Informationssprachen und das Problem der Schaffung einer Beschreibungssprache für technische und wirtschaftliche Information). In: Problemy naučnogo upravlenija socialističeskim obščestvom (Probleme der wissenschaftlichen Steuerung der sozialistischen Gesellschaft). Riga, Verlag der Staatlichen Stučka-Universität 1977, S. 81–90

Karvasarskij, B. D.: Nevrozy kak bolezni ličnosti (Neurosen als Erkrankungen der Persönlichkeit). In: Social'naja psichologija ličnosti (Sozialpsychologie der Persönlichkeit). Leningrad 1974, S. 164–171

Kazimirčuk, V. P.: Social'noe dejstvie prava v uslovijach razvitogo socializma (Die soziale Wirksamkeit des Rechts unter den Bedingungen des entfalteten Sozialismus). Autoreferat der juristischen Doktordissertation. Moskau 1977

Kaz'min, I. F.: Naučno-techničeskij progress i sistema sovetskogo zakonodatel'stva (Der wissenschaftlich-technische Fortschritt und das System der sowjetischen Gesetzgebung). In: Problemy teorii socialističeskogo gosudarstva i prava (Probleme der Theorie des sozialistischen Staates und Rechts). Hrg. Institut für Staat und Recht der Akademie der Wissenschaften der UdSSR. Moskau 1977, S. 67, 68

Kerimov, D. A.: Kibernetiku na službu ukreplenija socialističeskoj zakonnosti (Die Kybernetik in den Dienst der Festigung der sozialistischen Gesetzlichkeit!). In: Kibernetika i pravo (Kybernetik und Recht). Moskau "Znanie" 1970, S. 5–10

Kerimov, D. A.: O spravočno-informacionnoj službe v oblasti prava (Über einen Informations- und Auskunftsdienst auf dem Gebiete des Rechts). In: Voprosy kibernetiki i pravo (Fragen der Kybernetik und das Recht). Moskau "Nauka" 1967, S. 61–83

Kjarkkjajnen, A. A.: Aktual'nye voprosy sozdanija avtomatizirovannoj sistemy, obespečivajuščej dejatel'nost organov justicii (Aktuelle Fragen der Schaffung eines automatisierten Systems, das die Tätigkeit der Justizorgane absichert). In: Voprosy kibernetiki. Vypusk 40. Pravovaja kibernetika (Fragen der Kybernetik. Heft 40. Rechtskybernetik). Moskau "Sovetskoe Radio" 1977, S. 47–56

Kibernetiku na službu kommunizmu; s. A. I. Berg

Klimenčjuk, V. N./Zadorožnyj, E. M.: Osnovnye napravlenija razvitija naukovedenija i naučno-techničeskogo prognozirovanija (Grundentwicklungslinien der Wissenschaftslehre und der wissenschaftlich-technischen Prognostik). In: Naukovedenie i informatika (Wissenschaftslehre und Informatik). Heft 18, Kiev 1977, S. 3–11

Klykov, Ju. I./Pospelov, D. A./Puškin, V. N.: Začem nužno situacionnoe upravlenie? (Wieso Situationssteuerung?). In: Voprosy kibernetiki: Situacionnoe upravlenie (Fragen der Kybernetik: Situationssteuerung). Hrg. Gelehrter Rat für das Komplexproblem Kybernetik bei der Akademie der Wissenschaften der UdSSR. Moskau 1974, S. 7–15

Kogan, V. M.: K voprosu o formalizacii otrasli prava (Zur Formalisierung eines Rechtszweigs). In: Voprosy kibernetiki i pravo (Fragen der Kybernetik und das Recht). Moskau "Nauka" 1967, S. 100–114

Kolenskij, V. G.: Gosudarstvo kak ob-ekt sociologičeskogo analiza (Der Staat als Objekt soziologischer Analyse). Moskau "Juridičeskaja literatura" 1977

Kolomnikov, V. P./Jakovenko, E. G./Matycin, S. N.: EVM upravljaet proizvodstvom (Die elektronische Rechenmaschine steuert die Erzeugung). Moskau "Moskovskij rabočij" 1976

Komlev, N. G.: O kriterijach pravil'nosti vyskazanij (Über Kriterien für die Richtigkeit von Aussagen). Voprosy jazykoznanija (Fragen der Sprachwissenschaft) 1978, Heft 1, S. 64–75

Kompleksnye social'no-pravovye issledovanija: opyt i problemy (Komplexe rechtssoziologische Forschungen: Erfahrung und Probleme). Hrg. Institut für Staat und Recht der Akademie der Wissenschaften der UdSSR. Moskau "Nauka" 1977

Kopystinskaja, Ch. R.: Charakterologičeskie osobennosti mladšich škol'nikov s nevrotičeskimi sostojanimi (Charakterologische Besonderheiten von Erstklässlern mit neurotischen Zuständen). Autoreferat der psychologischen Kandidatendissertation. Kiev 1976

Kozov, N. F.: O nekotorych osobennostjach ekonomičeskogo bazisa razvitogo socializma (Über einige Besonderheiten der wirtschaftlichen Basis des entfalteten Sozialismus). In: Učenye zapiski kafedr obščestvennych nauk vuzov Leningrada. Vypusk XVII. Filosofija. Filosofskie i sociologičeskie issledovanija (Gelehrte Schriften der Lehrstühle für Sozialwissenschaften der Hochschulen Leningrads. Heft XVII. Philosophie. Philosophische und soziologische Untersuchungen) Leningrad 1977, S. 56–62

Krajzmer, L. P.: Kibernetika (Kybernetik). Moskau "Ekonomika" 1977

Kritika sovremennoj buržuaznoj theoretičeskoj sociologii (Kritik der gegenwärtigen bürgerlichen theoretischen Soziologie). Hrg. Institut für Sozialforschung der Akademie der Wissenschaften der UdSSR. Moskau "Nauka" 1977

Kröger, F.: LAR: of Logic of Algorithmic Reasoning. Acta Informatica 8 (1977), S. 243–266

Kudrjavcev, V. N.: O programmirovanii processa primenenija norm prava (Über die Programmierung des Normanwendungsprozesses). In: Voprosy kibernetiki i pravo (Fragen der Kybernetik und das Recht). Moskau "Nauka" 1967, S. 84–99

Kudrjavcev, Ju. V.: Cennost' pravovoj informacii (Der Wert juristischer Information). Pravovedenie (Rechtskunde) 1977, Heft 1, S. 45–51

Kuhn, Thomas S.: The Structure of Scientific Revolutions. Chicago 1962. Deutsch: Die Struktur wissenschaftlicher Revolutionen. Frankfurt/Main 1973

Kuhn, Thomas S.: Theory-Change as Structure-Change: Comments on the Sneed Formalism. Erkenntnis 10 (1976), S. 179–199

Kull', I. G./Sil'dmjae, I. Ja./ Chelemjae, A. K./Yjm, Ch. Ja.: O razrabotke tezaurusa juridičeskich terminov dlja informacionno-poiskovoj sistemy (Über die Erstellung eines Thesaurus von juristischen Termini für ein Informations- und

Suchsystem). In: Pravovaja kibernetika (Rechtskybernetik). Moskau "Nauka" 1973, S. 54–62

Kuznecova, N. F.: Prestupnost' i nervo-psichičeskaja zabolevaemost' (Kriminalität und seelische Erkrankung). Vestnik Moskovskogo Universiteta (Nachrichtenblatt der Universität Moskau). Reihe Recht. 1977, Heft 3, S. 11–20

Lancman, R. M.: Kibernetičeskoe modelirovanie pri issledovanii počerka (Kybernetische Modellbildung bei der Handschriftermittlung). In: Voprosy kibernetiki i pravo (Fragen der Kybernetik und das Recht). Moskau "Nauka" 1967, S. 246–252

Lancman, R. M.: Problemy ispol'zovanija sovremennych vozmožnostej nauki i techniki v ugolovnom sudoproizvodstve (Probleme der Verwendung der heutigen wissenschaftlichen und technischen Mittel im Strafverfahren). Autoreferat der juristischen Doktordissertation. Moskau 1969

Lapšin, Ju. P.: Razvitie avtomatizirovannych sistem upravlenija v promyšlennosti (Die Entwicklung von automatisierten Steuerungssystemen in der Industrie). Moskau "Ekonomika" 1977

Lebedeva, G. M.: Princip vsemirnosti v filosofsko-istoričeskoj koncepcii Fichte i Gegelja (Das Prinzip der Allweltlichkeit im philosophiegeschichtlichen Entwurf Fichtes und Hegels). Vestnik Moskovskogo Universiteta (Nachrichtenblatt der Universität Moskau). Reihe Philosophie. 1978, Heft 1, S. 55–63

Leont'ev, A. A.: Važnejšie problemy sopostavlenija russkogo jazyka i zazykov Vostoka (Die wichtigsten Probleme des Vergleichs der russischen Sprache mit den Sprachen des Ostens). In: Meždunarodnyj simposium. Aktual'nye problemy prepodovanija russkogo jazyka v stranach Azii, Afriki i Bližnogo Vostoka (Internationales Symposium. Aktuelle Fragen des Russischunterrichts in den Ländern Asiens, Afrikas und des Nahen Ostens). Moskau 1972, S. 26, 27

Levanskij, V. A.: Sozdanie sistemy algoritmov i programma dlja rešenija zadač pravovoj kibernetiki i postroenie matematičeskich modelej izučaemych processov i javlenij na osnove etoj sistemy (Die Schaffung eines Algorithmensystems, ein Programm zur Lösung rechtskybernetischer Aufgaben und die Erstellung mathematischer Modelle für die erforschten Prozesse und Erscheinungen auf der Grundlage dieses Systems). In: Voprosy sovetskoj kriminologii (Fragen der sowjetischen Kriminologie). Teil 2, Moskau 1976, S. 111–118

Lobkowicz, Nikolaus: Theorie und Praxis. In: Marxismus im Systemvergleich. Ideologie und Philosophie 3. Hrg. C. D. Kernig, Freiburg i. Br. 1973

Logiko- metodologičeskie problemy estestvennych i obščestvennych nauk (Logische und methodologische Probleme der Natur- und Sozialwissenschaften). Hrg. Institut für Geschichte, Philologie und Philosophie der Sibirischen Abteilung der Akademie der Wissenschaften der UdSSR. Novosibirsk "Nauka" 1977

Lukaschewa, E. A.: Die sozialrechtliche Psychologie. Staat und Recht 1972, Heft 1, S. 110–120

Lunc, D. R.: Sovetskaja sudebnaja psichiatrija (Die sowjetische forensische Psychiatrie). Moskau "Znanie" 1970

Luzgin, I. M.: Informacionnaja priroda dokazyvanija v rassledovanii prestuplenij (Der Informationscharakter der Beweisführung in der Untersuchung von Straftaten). In: Pravovaja kibernetika. (Rechtskybernetik) Moskau "Nauka" 1973, S. 107–116

Majdanov, A. S.: Princip otraženija i problemy semiotiki (Das Prinzip der Widerspiegelung und Probleme der Semiotik). Voprosy filosofii (Fragen der Philosophie) 1977, Heft 11, S. 115–125

Majzel', I. A.: Metodologičeskie problemy issledovanija naučnogo progressa (Methodologische Probleme der Erforschung des wissenschaftlichen Fortschritts). In: Aktual'nye metodologičeskie problemy social'nych nauk (Aktuelle methodologische Probleme der Sozialwissenschaften). Leningrad, Universitätsverlag 1976, S. 10–30

Mannheim, Karl: Ideologie und Utopie. 5. Aufl., Frankfurt/Main 1969

Marx, Karl: Grundrisse der Kritik der politischen Ökonomie (Rohentwurf). Berlin 1974

Marx, Karl: Thesen über Feuerbach. In: Karl Marx/Friedrich Engels: Werke. Hrg. Institut für Marxismus-Leninismus des ZK der SED. Bd. 3, Berlin 1972, S. 5–7, 533–535

Marksistsko-leninskoe učenie o gosudarstve i prave. Istorija, razvitie i sovremennst' (Die marxistisch-leninistische Lehre von Staat und Recht. Geschichte, Entwicklung und Gegenwart). Moskau "Nauka" 1977

Mašinnaja obrabotka ekonomičeskoj informacii v Gosbanke (Die maschinelle Verarbeitung wirtschaftlicher Information in der Staatsbank). 2. Aufl. Moskau "Finansy" 1978

Metodologičeskie problemy istorii filosofii i obščestvennoj mysli (Methodologische Fragen der Geschichte der Philosophie und des sozialen Gedankens). Moskau "Nauka" 1977

Metodologičeskie problemy kibernetiki. Materialy k vsesojuznoj konferencii (Methodologische Probleme der Kybernetik. Materialien zu einer Allunionskonferenz). Band I. Moskau 1970

Metodologičeskie problemy social'nogo predvidenija (Methodologische Probleme der sozialen Vorausschau). Hrg. Ukrainische Akademie der Wissenschaften. Kiev 1977

Molčanov, V.: Social'naja informacija i upravlenie predprijatiem (Soziale Information und Unternehmensverwaltung). Moskau "Moskovskij rabočij" 1977

Moskvin, S. S.: Primenenie EVM dlja poiska pravovoj informacii i rešenie zadač, svjazannych s naznačeniem pensij (Die Verwendung von EDV für das Aufsuchen juristischer Information und die Lösung von Aufgaben, die mit der Rentenzuerkennung verbunden sind). In: Kibernetika i pravo (Die Kybernetik und das Recht). Moskau "Znanie" 1970, S. 11–20

Moskvin, S. S.: Teoretičeskie problemy sistemy pravovoj informacii v SSSR (Theoretische Fragen eines Rechtsinformationssystems in der UdSSR). Autoreferat der juristischen Doktordissertation. Moskau 1977

Moskvin, S. S.: Sistema učeta normativnych aktov v SSSR (Das System der Registrierung von Normativakten in der UdSSR). Sovetskoe gosudarstvo i pravo (Sowjetstaat und Recht) 1978, Heft 3, S. 128–132

Nalibajko, N. V.: Prepodovatel' i samostojatel'naja rabota studentov (Der Lehrer und die selbständige Arbeit von Studenten). In: Sistemnyj podchod k upravleniju učebno-vospitatel'nym processom vuza (Der Systemansatz zur Steuerung des Lehr- und Erziehungsvorgangs an der Hochschule). Tomsk, Universitätsverlag 1976, S. 130–135

Naselenie Sojuznych Respublik. (Die Bevölkerung der Bundesrepubliken). Moskau "Statistika" 1977

Nečaeva, O. A.: Funkcial'no-smyslovye tipy reči (opisanie, povestvovanie, rassuždenie) (Funktions- und Sinntypen der Rede (Beschreibung, Erzählung, Erörterung)). Ulan-Ude, Burjätischer Bücherverlag 1974

Nemecko – russkyj slovar' po avtomatike i techničeskoj kibernetike (Deutsch-Russisches Wörterbuch der Automatisierungstechnik und technischen Kybernetik. Mit etwa 30.000 Fachbegriffen). Moskau "Russkij jazyk" 1978

Novik, I. B.: O nekotorych metodologičeskich problemach kibernetiki (Über einige methodologische Probleme der Kybernetik). In: Kibernetiku na službu kommunizmu (Die Kybernetik in den Dienst des Kommunismus!). Band I. Moskau/Leningrad "Gosudarstvennoe energetičeskoe izdatel'stvo" 1961, S. 34–54

Novyj ėtap v razvitii professional'no-techničeskogo obrazovanija (Eine neue Stufe in der Entwicklung der berufstechnischen Ausbildung). Sovetskaja pedagogika (Sowjetpädagogik) 1978, Heft 2, S. 56–61

Osnovy ekonomiki i upravlenija proizvodstvom (Grundlagen der Ökonomie und der Produktionsverwaltung). 3. Aufl. Moskau "Ekonomika" 1977

Osnovy pravovoj kibernetiki. Učebnoe posobie dlja juridičeskich vuzov (Grundlagen der Rechtskybernetik. Ein Lehrmittel für juristische Lehranstalten). Moskau, Universitätsverlag 1977

Osnovy primenenija kibernetiki v pravovedenii (Grundlagen der Anwendung der Kybernetik in der Rechtskunde). Moskau "Juridičeskaja literatura" 1977

Ovčarenko, V. I.: Kritičeskij analizis teorii ličnosti psichoanalitičeskoj sistemy Z. Frejda (Eine kritische Analyse der Theorie der Persönlichkeit im psychoanalytischen System S. Freuds). Autoreferat der philosophischen Kandidatendissertation. Minsk 1973

Pankratov, V. V.: Nekotorye aspekty ugolovnogo prava kak reguljatora obščestvennych otnošenij v svete idej kibernetiki (Einige Aspekte des Strafrechts als eines Reglers sozialer Beziehungen im Lichte der Idee der Kybernetik). In: Voprosy kibernetiki. Vypusk 40. Pravovaja kibernetika (Fragen der Kybernetik. Heft 40. Rechtskybernetik). Moskau "Sovetskoe Radio" 1977, S. 25–30

Parsons, T./Shils, A.: Toward a General Theory of Action. Cambridge Mass. 1951

Pavlov, V. P.: O primenenii matematičeskich metodov v počerkovedčeskoj ekspertize (Über die Verwendung mathematischer Methoden im handschriftkundlichen Gutachten). In: Voprosy kibernetiki i pravo (Fragen der Kybernetik und das Recht). Moskau "Nauka" 1967, S. 253–266

Pedagogika (Pädagogik). Moskau "Fizkul'tura i sport" 1978

Perevedencev, V.: V spor vstupaet sociolog: Glavnoe – o čem i čto (In die Auseinandersetzung tritt der Soziologe. Hauptsache ist: worüber und was). Literaturnaja gazeta (Literaturzeitung) vom 22. 2. 1978 (Nr. 8), S. 5

Polevoj, N. S.: O pravovoj i kriminalističeskoj kibernetike i voprosach ich prepodavanija v juridičeskich vuzach (Die kriminalistische und die Rechtskybernetik und Fragen ihrer Unterrichtung in den juristischen Lehranstalten). In: Voprosy kibernetiki. Vypusk 40. Pravovaja kibernetika (Fragen der Kybernetik. Heft 40. Rechtskybernetik). Moskau "Sovetskoe Radio" 1977, S. 41–46

Političeskaja ėkonomija. Socializm – pervaja faza kommunističeskogo sposoba proizvodstva (Politische Ökonomie. Der Sozialismus: die erste Phase der kommunistischen Produktionsweise). 4. Aufl. Moskau "Mysl'" 1977

Popper, Karl R.: Logik der Forschung. 2. Aufl., Tübingen 1966

Poškjavičjus, V. A.: Nekotorye juridičeskie problemy deontičeskoj logiki (Einige juristische Probleme der deontischen Logik). In: Pravovaja kibernetika (Rechtskybernetik). Moskau "Nauka" 1973, S. 126–131

Poškjavičjus, V. A.: Primenenie matematičeskich i logičeskich sredstv v pravovych issledovanijach (Die Verwendung mathematischer und logischer Mittel in der Rechtsforschung). Vilnius "Mintis" 1974

Poškjavičjus, V. A.: Kibernetičeskij podchod k pravu. Nekotorye aspekty (Der kybernetische Angang zum Recht. Einige Aspekte). In: Voprosy kibernetiki. Vypusk 40. Pravovaja kibernetika (Fragen der Kybernetik. Heft 40. Rechtskybernetik). Moskau "Sovetskoe Radio" 1977, S. 38–41

Pravovaja informacija (Rechtsinformatik). Hrg. Akademie der Wissenschaften der UdSSR sowie die beiden Allunions-Forschungsinstitute für sowjetische Gesetzgebung und für gerichtliche Begutachtung. Moskau "Nauka" 1974

Pravovaja kibernetika (Rechtskybernetik). Moskau "Nauka" 1973

Pravovye problemy ASU (Rechtsprobleme der automatisierten Steuerungssysteme). Hrg. Institut für Staat und Recht der Akademie der Wissenschaften der UdSSR. Moskau 1973

Prjanišnikov, E. A.: Annotacija na bibliografiju po pravovoj informatike (Bemerkungen zu einer Bibliographie zur Rechtsinformatik). Pravovedenie (Rechtskunde) 1977, Heft 6, S. 136–138

Prjanišnikov, E. A.: Semiotika i zakon (Die Semiotik und das Gesetz). In: Pravovaja kibernetika (Rechtskybernetik). Moskau "Nauka" 1973, S. 91–96

Problemy teorii socialističeskogo gosudarstva (Probleme der Theorie des sozialistischen Staates). Bericht über eine Konferenz in Leningrad. Sovetskoe gosudarstvo i pravo (Sowjetstaat und Recht) 1975, Heft 8, S. 27–32

Rabočaja kniga sociologa (Arbeitsbuch des Soziologen). Hrg. Institut für Sozialforschung der Akademie der Wissenschaften der UdSSR. Moskau "Nauka" 1977

Randalu, Ch. A.: EVM i izučenie effektivnosti ugolovnogo prava (EDV und die Erforschung der Wirksamkeit des Strafrechts). In: Naučno-techničeskij process i problemy ugolovnogo prava (Der wissenschaftlich-technische Prozess und Probleme des Strafrechts). Hrg. Allunionsinstitut für Erforschung der Verbrechensursachen und Ausarbeitung von Maßnahmen zur Verbrechensverhinderung. Moskau 1975, S. 142–146

Randalu, Ch. A.: EVM ne tol'ko sostavljaet otvety (Die elektronische Rechenmaschine erteilt nicht nur Antworten). Sovetskoe pravo (Sowjetrecht, Tallinn) 1977, Heft 1, S. 19–22

Rassolov, M. M.: Elementy pravovoj kibernetiki (Elemente der Rechtskybernetik). Hrg. Akademie der Wissenschaften des Innenministeriums der UdSSR. Moskau 1976

Raudsalu, V.: ESE i juridičeskaja nauka (Die Estnische Sowjet-Enzyklopädie und die Jurisprudenz). Sovetskoe pravo (Sowjetrecht, Tallinn) 1978, Heft 1, S. 57

Rodingen, Hubert: Rechtsunterricht in der UdSSR. Juristische Schulung 1973, Heft 2, S. 127

Rodingen, Hubert: Pragmatik der juristischen Argumentation: Was Gesetze anrichten und was rechtens ist. Freiburg/München 1977

Rossi-Landi, Ferruccio: Sprache als Arbeit und als Markt. München 1972

Rudenko, L. P.: Issledovanie verbalizacii zamysla (Eine Untersuchung zur Verbalisierung des Vorhabens). Autoreferat der psychologischen Kandidatendissertation. Tiflis 1975

Rusanovskij, V. M.: Besprechung des Buchs: Russkij jazyk – jazyk mežnacional'nogo obščenija narodov SSSR (Die russische Sprache – die Sprache der Vielvölkergemeinschaft der UdSSR). Moskau 1976. In: Voprosy jazykoznanija (Fragen der Sprachwissenschaft) 1978, Heft 1, S. 130–134

Safarov, R. A.: Obščestvennoe mnenie i gosudarstvennoe upravlenie (öffentliche Meinung und Staatsverwaltung). Moskau "Juridičeskaja literatura" 1975

Safarov, R. A.: Obščestvennoe mnenie i gosudarstvennoe upravlenie (Öffentliche Meinung und Staatsverwaltung). Autoreferat der juristischen Doktordissertation. Moskau 1977

Safarov, R. A.: Informirovanie naselenija o dejatel'nosti gosudarstvennych organov (Die Informierung der Bevölkerung über die Tätigkeit der Staatsorgane). Sovetskoe gosudarstvo i pravo (Sowjetstaat und Recht) 1974, Heft 2, S. 22–29

Safarov, R. A.: Organy gosudarstvennogo upravlenija i obščestvennoe mnenie naselenija (Die Organe der Staatsverwaltung und die öffentliche Meinung der Bevölkerung). Sovetskoe gosudarstvo i pravo (Sowjetstaat und Recht) 1975, Heft 1, S. 20–27

Safarov, R. A.: Obščestvennoe mnenie i funkcii gosudarstvennogo upravlenija (Die öffentliche Meinung und die Funktionen der Staatsverwaltung). Pravovedenie (Rechtskunde) 1974, Heft 4, S. 21–30

Safronov, V. A.: Ob avtomatizacii upravlenija gorodskim chozjajstvom Vladivostoka (Über die Automatisierung der städtischen Wirtschaftsverwaltung in Vladivostok). In: Teoretičeskie osnovy postroenija ASU. Ekonomnomatematičeskie metody v planirovanii i upravlenii gorodskim chozjajstvom (Theoretische Grundlagen für den Aufbau automatisierter Steuerungssysteme. Wirtschaftsmathematische Methoden in der Planung und Verwaltung städtischer Wirtschaft). Hrg. Fernöstliches Zentrum der Akademie der Wissenschaften der UdSSR. Vladivostok 1974, S. 5–9

Sagatovskij, V. N.: O meste matematiki v sisteme naučnogo znanija (Über den Ort der Mathematik im System wissenschaftlicher Erkenntnis). In: Nekotorye metodologičeskie problemy nauki (Einige methodologische Probleme der Wissenschaft). Tomsk, Universitätsverlag 1973, S. 16–22

Saltevskij, M. V.: Sostavlenie programirovannych zadanij dlja kontrolja za izučeniem juridičeskich disciplin (Ein Vergleich programmierter Aufgaben zur Kontrolle des Erlernens juristischer Fächer). Char'kov 1966

Samborskij, G. I./Šešukova, T. G.: Ekonomičeskaja služba predprijatija v uslovijach ASUP (Der kaufmännische Dienst im Betrieb unter den Bedingungen automatisierter Betriebsverwaltungssysteme). Moskau "Ekonomika" 1977

Šarunenko, N. M.: Razvitie osnovnoj pamjati EC EVM (Die Entwicklung des Hauptspeichers der ES-EVM). In: Vyčislitel'naja technika socialističeskich stran (Die Rechentechnik in den sozialistischen Ländern). Heft 2. Moskau "Statistika" 1977, S. 5–10

Sazonov, B. I.: Pravovye problemy informacionnogo obespečenija funkcij ministerstv (Rechtsprobleme der informativen Absicherung der Funktionen der Ministerien). Pravovedenie (Rechtskunde) 1976, Heft 1, S. 72–79

Ščebra, S. P.: Rassledovanie i sudebnoe razbiratel'stvo po delam lic, stradajuščich fizičeskimi ili psichičeskimi nedostatkami (Ermittlung und gerichtliche Verhandlung bezüglich körperlich und seelisch Behinderter). Moskau "Juridiceskaja literatura" 1975

Semiotika i informatika (Semiotik und Informatik). Heft 8. Moskau 1977

Sistemnye issledovanija (Systemforschungen). Hrg. Institut für Geschichte der Naturwissenschaft und Technik der Akademie der Wissenschaften der UdSSR. Jahrbuch 1977. Moskau "Nauka" 1977

Situacionnoe upravlenie. Voprosy kibernetiki (Situationssteuerung. Fragen der Kybernetik). Heft 13. Red. D. A. Pospelov/Ju. I. Klykov. Moskau 1974

Šljachov, A. R.: Problemy razvitija pravovoj kibernetiki (Entwicklungsprobleme der Rechtskybernetik). Socialističeskaja zakonnost' (Sozialistische Gesetzlichkeit) 1976, Heft 3, S. 27–31

Sljachov, A. R.: Tendencii razvitija pravovoj kibernetiki i puti povyšenija ee roli v praktike (Entwicklungstendenzen der Rechtskybernetik und Möglichkeiten, ihre Bedeutung in der Praxis zu steigern). In: Voprosy kibernetiki. Vypusk 40, Pravovaja kibernetika (Fragen der Kybernetik. Heft 40. Rechtskybernetik). Moskau "Sovetskoe Radio" 1977, S. 6–12

Šmerling, I. Š.: O roli folosofskich kategorij i formal'no-logičeskogo apparata v naučno-teoretičeskom myšlenii (Über die Bedeutung der philosophischen Kategorien und des formallogischen Apparats im wissenschaftstheoretischen Denken). In: Aktual'nye metodologičeskie problemy socialnych nauk (Aktuelle methodologische Probleme der Sozialwissenschaften). Leningrad, Universitätsverlag 1976, S. 51–60

Šobaršov, I. T.: Semantika slovarnych edinic v sfere naučno-techničeskoj leksiki (Die Semantik lexikalischer Einheiten im Bereich der wissenschaftlich-technischen Lexikalik). Filosofskie nauki (Philosophische Wissenschaften) 1977, Heft 3, S. 101–106

Sobko, G. M.: Formalizirovannye jazyki opisanija počerkovych ob-ektob (Formalisierte Sprachen zur Beschreibung handschriftlicher Objekte). In: Voprosy kibernetiki. Vypusk 40. Pravovaja kibernetika (Fragen der Kybernetik. Heft 40. Rechtskybernetik). Moskau "Sovetskoe Radio" 1977, S. 136–159

Social'naja psichologija. Kratkij očerk (Sozialpsychologie. Ein kurzer Grundriß). Moskau "Politizdat" 1975

Sociologija i Sovremennost' (Die Soziologie und die Gegenwart). Band I und II. Hrg. Institut für Sozialforschung der Akademie der Wissenschaften der UdSSR. Beide Bände Moskau "Nauka" 1977

Soveščanie učenych (Eine Konferenz von Wissenschaftlern). Chozjajstvo i pravo (Wirtschaft und Recht) 1977, Heft 5, S. 104–108. Deutsch: Referateblatt Staat und Recht. Reihe A, Staats- und Rechtswissenschaft. Lieferung 11/77, Blatt 325

Šrejder, Ju. A.: O semantičeskich aspektach teorii informacii (Über die semantischen Aspekte der Informationstheorie). In: Informacija i kibernetika (Information und Kybernetik). Moskau "Sovetskoe Radio" 1967, S. 15–47

Stepin, A. P.: Socialističeskoe preobrazovanie obščestvennych otnošenij gorodskich srednych sloev (Die sozialistische Umbildung der sozialen Beziehungen der städtischen mittelständischen Schichten). Moskau "Mysl'" 1975

Sudebnaja psichiatrija (Gerichtspsychiatrie). Verantwortlicher Redakteur G. V. Morozov. 3. Aufl. Moskau "Juridičeskaja literatura" 1978

Šurucht, L. M.: Primenenie EVM pri raspredelenii žilogo fonda (Die Anwendung von EDV bei der Verteilung des Wohnfonds). Sovetskoe gosudarstvo i pravo (Sowjetstaat und Recht) 1975, Heft 10, S. 117–120

Suvorov, L. K.: Juridičeskoe obrazovanie v vuzach RSFSR. Problemy i perspektivy (Die juristische Ausbildung an den Hochschulen der RSFSR. Probleme und Perspektiven). Pravovedenie (Rechtskunde) 1977, Heft 1, S. 7–15

Taksir, K. I.: Upravlenie promyšlennost'ju SSSR (Die Industrieverwaltung in der UdSSR). 2. Aufl. Moskau "Vysšaja škola" 1977

Tarasov, E. F.: Pis'mennyj tekst kak prevraščennaja forma rečevogo obščenija (Der geschriebene Text als verzerrte Form der mündlichen Mitteilung). In: Materialy u vsesojuznogo simposiuma po psicholingvistike i teorii kommunikacii (Materialien zum Allunions-Symposium für Psycholinguistik und Kommunikationstheorie). Leningrad 27.–30. Mai 1975. Teil II. Moskau 1975, S. 241–243

Teplickaja, E. I.: K metodologii eksperimental'nych issledovanij formirovanija ličnosti umstvenno otstalogo rebenka (Zur Methodologie experimenteller Untersuchung der Persönlichkeitsbildung des geistig zurückgebliebenen Kindes). In: Izučenie ličnosti anomal'nogo rebenka (Die Erforschung der Persönlichkeit des anomalen Kindes. Thesen von einer Konferenz vom 12. - 13. April 1977). Moskau 1977, S. 115–117

Terent'eva, I. I./Čausova, I. N./Šmeleva, I. I.: Alfabitno-predmetnyj ukazatel' kak sredstvo tematičeskogo poiska (Das alphabetische und Gegenstandsregister als Mittel der thematischen Suche). In: Tezisky dokladov na šestoj naučnoj konferencii CNIIPI (Vortragsthesen auf der sechsten wissenschaftlichen Konferenz des Zentralen Forschungsinstituts für Patentinformation und wirtschaftlich-technische Forschung). Hrg. das genannte Institut. Moskau 1973, S. 118–120

Tinovickaja, I. A.: Ob-ekty pravovogo regulirovanija v ASU (Gegenstände der rechtlichen Regelung in automatisierten Steuerungssystemen). In: Problemy soveršenstvovanija sovetskogo zakonodatel'stva (Probleme der Vervollkommnung der sowjetischen Gesetzgebung). Hrg. Justizministerium der UdSSR. Msokau 1976, S. 29–40

Tkačevskij, Ju. M.: Pravovye mery bor'by s p'janstvom (Rechtliche Maßnahmen im Kampf gegen die Trunksucht). Moskau, Universitätsverlag 1974

Tolkačeva, S. D.: Rekonstrukcija rečevogo soobščenija v različnych uslovijach ego peredači (Eine Rekonstruktion mündlicher Mitteilung unter den verschiedenen Bedingungen ihrer Verlautbarung). Autoreferat der psychologischen Kandidatendissertation. Moskau 1977

Trusov, A. I.: Sudebnoe dokazyvanie v svete idej kibernetiki (Die gerichtliche Beweisführung im Licht der Idee der Kybernetik). In: Voprosy kibernetiki i pravo (Fragen der Kybernetik und das Recht). Moskau "Nauka" 1967, S. 20–35

Ufimceva, N. V.: Osobennosti funkcionirovanija padežnoj sistemy russkogo jazyka (Die Besonderheiten des Funktionierens des Deklinationssystems der russischen Sprache). In: Materialy u vsesojuznogo simposiuma po psicholingvistike i teorii kommunikacii (Materialien zum Allunions-Symposium für Psycholinguistik und Kommunikationstheorie). Leningrad 27.–30. Mai 1975. Teil II. Moskau 1975, S. 226–228

Upravlenie, informacija, intellekt (Verwaltung, Information und Intellekt). Moskau "Mysl'" 1976

Ursul', A. D.: Problema informacii v sovremennoj nauke. Filosofskie očerki (Das Problem der Information in der zeitgenössischen Wissenschaft. Philosophische Skizzen). Hrg. Philosophisches Institut der Akademie der Wissenschaften der UdSSR. Moskau "Nauka" 1975

Usmanov, A. G.: Voprosy razrabotki informacionnogo obespečenija ASU otrasljami respublikanskogo podčinenija (Fragen der Informationsversorgung der den Republiken unterstellten automatisierten Systeme für Verwaltungszweige). In: Voprosy soveršenstvovanija planirovanija i upravlenija (Fragen der Vervollkommnung der Planung und der Verwaltung). Heft 2. Hrg. der Gosplan der Tadžikischen SSR. Dušanbe 1977, S. 122–128

V Central'nom komitete KPSS i Sovete Ministrov SSSR (Im Zentralkomitee der KPdSU und im Ministerrat der UdSSR). Hier ist die Verordnung „Über die weitere Vervollkommnung der Unterrichtung und der Erziehung der Schüler der allgemeinbildenden Schulen und über ihre Vorbereitung auf die Arbeit" verabschiedet worden. Diese Verordnung wird erläutert in: Sovetskaja pedagogika (Sowjetpädagogik) 1978, Heft 2, S. 3–10

Veličkin, K. V.: Komissii po bor'be s p'janstvom (Die Kommissionen für die Bekämpfung der Trunksucht). Moskau "Juridičeskaja literatura" 1977

Vengerov, A. B.: Pravo i informacija v uslovijach avtomatizacii upravlenija (Recht und Information unter den Bedingungen der Automatisierung der Verwaltung). Moskau "Juridičeskaja literatura" 1978

Vengerov, A. B./Klevakin, Ju.: Graždansko-pravovye voprosy dejatel'nosti ASU stroitel'stvom (Zivilrechtliche Fragen der automatisierten Steuerungssysteme im Bauwesen). Sovetskaja Justicija (Die sowjetische Justiz) 1978, Heft 3, S. 12, 13

Veržbickij, V. V.: Besprechung des Buchs von E. A. Sedov: Evoljucija i informacija (Evolution und Information). Moskau "Nauka" 1976. In: Filosofskie nauki (Philosophische Wissenschaften) 1978, Heft 2, S. 181–185

Vinogradov, V. D./Grinenko, G. A.: K voprosu ob upravlenii ideologičeskimi processami pri socializme (Zur Frage der Steuerung ideologischer Prozesse im Sozialismus). In: Zakonomernosti stroitel'stva socializma i kommunizma (Gesetzmäßigkeiten des Aufbaus des Sozialismus und Kommunismus). Leningrad, Universitätsverlag 1977, S. 50–58

Vinogradov, B. G./Gončaruk, S. I.: Predskazatel'naja funkcija zakonov nauk ob obščestve (Die prognostische Funktion sozialwissenschaftlicher Gesetze). Filosofskie nauki (Philosophische Wissenschaften) 1978, Heft 2, S. 23–31

Vlasov, V. P.: Naučno-techničeskaja revoljucija i problemy bor'by s prestupleniem protiv ličnosti i obščestvennoj bezopasnosti (Die wissenschaftlich-technische Revolution und Probleme der Bekämpfung von Verbrechen gegen die Person und gegen die öffentliche Sicherheit). In: Naučno-techničeskij process i problemy ugolovnogo prava (Der wissenschaftlich-technische Prozess und Probleme des Strafrechts). Hrg. Allunionsinstitut für Erforschung der Verbrechensursachen und die Ausarbeitung von Maßnahmen zur Verbrechensverhinderung. Moskau 1975, S. 152–160

Volkov, G. N.: Istoki i gorizonty progressa. Sociologičeskie problemy razvitija nauki i techniki (Ursprünge und Horizonte des Fortschritts. Soziologische Probleme der Entwicklung von Wissenschaft und Technik). Moskau "Politizdat" 1976

Voprosy kibernetiki i pravo (Fragen der Kybernetik und das Recht). Hrg. Gelehrter Rat für Kybernetik bei der Akademie der Wissenschaften der UdSSR. Moskau "Nauka" 1967

Vygotskij, L. S.: s. Wygotskij, L. S.

Wünsche, Konrad: Die Wirklichkeit des Hauptschülers. Köln 1973

Wygotskij, L. S.: Denken und Sprechen. 4. Aufl., Frankfurt/Main 1972

Zaec, R. V./Botvin, V. A./Klimenjuk, V. N.: Nekotorye problemy razvitija i razmeščenija naučnych učreždenij v krupnom gorode (na primere g. Kieva) (Einige Probleme der Entwicklung und der örtlichen Verteilung von wissenschaftlichen Einrichtungen in einer Großstadt (am Beispiel Kievs)). Naukovedenie i informatika (Wissenschaftslehre und Informatik, Kiev) 1978, Heft 18, S. 11–22

Žerebkin, V. E.: Logičeskij analiz ponjatij prava (Logische Analyse der Rechtsbegriffe). Kiev "Višča škola" 1976

Zinin, A. M./Snetkov, V. A./Fajn, V. S.: K voprosu sozdanija bystrodejstvujuščich informacionno-poiskovych portretnych sistem s ispol'zovaniem elektrovyčislitel'noj techniki (Zur Schaffung schneller Informations- und Such-Portraitsysteme unter Verwendung der elektronischen Rechentechnik). In: Pravovaja kibernetika (Rechtskybernetik). Moskau "Nauka" 1973, S. 187–190

Zolotuchina, E. V.: Analiz razvitija naučnogo znanija v koncepcii Tomasa Kuna (Die Analyse der Entwicklung wissenschaftlicher Erkenntnis in der Konzeption Thomas Kuhns). In: Aktual'nye metodologičeskie problemy social'nych nauk (Aktuelle methodologische Probleme der Sozialwissenschaften). Leningrad, Universitätsverlag 1976, S. 41–50

Zuev, V. D./Ložkevič, A. A./Šaršunskij, V. L./Čibanov, V. A.: Integral'nyj metod identifikacii ličnosti po golosu (Die Integralmethode der Identifikation einer Person nach der Stimme). In: Pravovaja kibernetika (Rechtskybernetik). Moskau "Nauka" 1973, S. 211–219

Zujkov, T. G.: „Modus operandi", kibernetika, poisk (Der "modus operandi", die Kybernetik und die Suche). In: Kibernetika i pravo (Die Kybernetik und das Recht). Moskau „Znanie" 1970, S. 46–55

FSC
www.fsc.org
MIX
Papier | Fördert gute Waldnutzung
FSC® C083411

Zeitfracht Medien GmbH
Ferdinand-Jühlke-Straße 7
99095 Erfurt, Deutschland
produktsicherheit@kolibri360.de